XINNENGYUAN QICHE ZHENGCHE
REGUANLI XITONG
JISHU CELUE FANGZHEN JI ANLI

新能源汽车整车热管理系统：
技术、策略、仿真及案例

傅佳宏　鲍军其　张新　著

化学工业出版社
·北京·

内容简介

《新能源汽车整车热管理系统：技术、策略、仿真及案例》一书深度解析了新能源汽车热管理系统的核心技术与实践。首先，概述了热管理系统的基本架构、关键部件及其技术演变，同时展望了智能化发展；随后，详细探讨了座舱空调、动力电池及驱动电机热管理系统的结构、工作原理与优化设计，包括热泵空调系统、动力电池液冷控制及电机冷却新技术等；还深入剖析了热管理系统控制策略的开发流程，涵盖纯电动车、热泵型及非热泵型系统的控制逻辑与仿真预测；此外，通过EV、HEV及FCV的建模与仿真，揭示了热管理系统的性能优化方法；最后，通过国内外主流车型热管理系统的案例分析，提供了丰富的实践经验和对比分析，为读者提供了全面的技术参考。

本书适合新能源汽车行业从业者阅读参考，也可作为高校汽车相关专业的教材使用。

图书在版编目（CIP）数据

新能源汽车整车热管理系统：技术、策略、仿真及案例／傅佳宏，鲍军其，张新著. -- 北京：化学工业出版社，2025.1. -- ISBN 978-7-122-46818-5

Ⅰ.U469.7

中国国家版本馆 CIP 数据核字第 2024BV7949 号

责任编辑：雷桐辉　　　　　　文字编辑：郑云海
责任校对：宋　玮　　　　　　装帧设计：王晓宇

出版发行：化学工业出版社
　　　　（北京市东城区青年湖南街 13 号　邮政编码 100011）
印　　装：河北延风印务有限公司
787mm×1092mm　1/16　印张 12　字数 263 千字
2025 年 1 月北京第 1 版第 1 次印刷

购书咨询：010-64518888　　　　售后服务：010-64518899
网　　址：http://www.cip.com.cn
凡购买本书，如有缺损质量问题，本社销售中心负责调换。

定　　价：79.80 元　　　　　　　　版权所有　违者必究

前 言
PREFACE

"新能源汽车"在 2024 年国务院政府工作报告中被多次提及。目前，我国已经成为推进世界能源发展转型和应对气候变化的重要推动者，而新能源汽车产业的发展不仅能够降低我国对石油进口的依赖、减少交通领域污染物的排放、推动"双碳"目标的实现，还有助于支撑我国建设汽车强国。

电动载人汽车（新能源汽车）、锂电池、太阳能电池被称为我国外贸"新三样"。根据中华人民共和国海关总署的统计数据，2023 年，我国"新三样"产品合计出口 1.06 万亿元，首次突破万亿大关。其中，新能源汽车出口 120.3 万辆，同比增长 77.6％，产销量占全球比重超过 60％。从产业萌芽，到拥有全球最大的新能源汽车市场、完整的产业配套体系和完善的政策支持体系，我国新能源汽车产业在全球的竞争优势得到了逐步提升，已经走出了一条以创新引领发展的向"新"之路。

新能源汽车关注度的增长和销量的扩张，也带动了整车热管理系统的发展。整车热管理系统是新能源汽车的核心，对于维持新能源汽车的性能稳定具有重要意义。传统燃油汽车的热管理系统主要包括空调系统、变速箱冷却系统等部分，新能源汽车热管理系统则相对更为复杂，涵盖的零部件更多，成本也更高。总的来说，新能源汽车整车热管理系统包括散热、冷却、加热、温度控制等多个方面，涉及与汽车新型动力系统相关的热量控制和调节技术。

从热管理维度来看，新能源汽车的整车热管理系统包括：散热系统，新能源汽车的设计原理和结构特点决定了其长时间运行会产生大量热量，散热系统需要利用风扇、散热片、散热管道等及时将热量排出，以防造成设备过热，影响车辆的稳定运行；冷却系统，与散热系统类似，主要功能也是降低车辆零部件的温度，但其主要采用风冷和液冷方式降低驱动电机、动力电池等的温度，以调整车辆的工作状态；加热系统，车辆行驶环境的复杂性和多样性决定了其可能面临寒冷的环境，这时需要安装有电热丝等装置的加热系统提供额外的热量，以保证车辆零部件的正常运行；温度控制系统，该系统能够通过传感器等实时采集车辆相关零部件的温度信息，并通过控制器启动加热或冷却系统工作，以使得驱动电机、动力电池等始终保持合适的工作温度，从而提升车辆的整体性能、延长关键零部件的使用寿命。

为了实现"双碳"目标，我国汽车产业电动化转型的速度逐渐加快，新能源汽车的销量也实现了快速增长。未来，相关技术的进步和用户需求的增长，也将带动整车热管理系统的发展。新能源汽车的整车热管理系统与空气动力学、流体力学、热力学、电气和软件等多个学科密切相关，又涉及装配、冲压、锻造、精密加工等多种工艺，因此行业壁垒较高。随着新能源汽车产业的发展，用户对于车辆的安全性、舒适性、稳定性等的需求将逐步提高，这必然能够带来难得的市场机遇，推动国内相关企业的快速成长。

同任何新兴行业一样，技术创新是新能源汽车整车热管理市场竞争的关键要素。国内相关企业需要紧抓成本、市场等方面的优势，在余热回收技术、智能控制系统等方面力求取得创新和突破，成长为具有技术领先优势的新能源汽车热管理系统供应商。此外，行业的发展不仅需要产品的更新迭代，还需要商业模式的创新升级。新能源汽车整车热管理市场的发展，需要以悉心培育国内消费市场为基础，并将庞大的市场需求转化为产业发展的内生动力，从而以内循环带动外循环，增强全球市场竞争优势。

本书内容依托于浙江省自然科学基金资助项目（LTGS24E060004）、浙江省"尖兵""领雁"研发攻关计划资助项目（2023C01014），立足于当前全球新能源汽车产业的发展现状与趋势，注重理论与实践相结合，聚焦新能源汽车整车热管理系统，分别从整车热管理系统概述、座舱空调热管理系统、动力电池热管理系统、驱动电机热管理系统、电子芯片热管理系统、热管理系统控制策略开发、热管理系统建模仿真及优化、热管理系统案例解析8大维度出发，全面阐述新能源汽车整车热管理系统的技术、策略、仿真及案例，并配有大量的结构图、框图和表格，试图让读者全面掌握整车热管理系统的关键技术应用。

本书兼具学术性与实用性，不仅对新能源汽车整车热管理系统的技术原理进行了系统阐述，而且对于一些关键技术，如新能源汽车热泵空调系统技术、汽车动力电池组热管理系统设计、新型电机冷却系统结构与控制方法、电子芯片主动式散热技术、纯电动汽车热管理系统控制策略设计等均进行了详细讲解。此外，本书结合具有代表性的案例，对国内外主流新能源汽车热管理系统进行示例分析，更便于读者对该领域内容的理解和把握。因此，本书不仅可以为广大新能源汽车行业从业者提供学习参考，也可作为高校汽车相关专业的本科生、研究生的专业课程教材。

著者

目录 CONTENTS

第1章 整车热管理系统概述 — 001

1.1 新能源汽车整车热管理系统架构与技术 — 002
    1.1.1 整车热管理系统架构 — 002
    1.1.2 热管理系统的核心零部件 — 003
    1.1.3 纯电动汽车的热管理技术 — 005
    1.1.4 混合动力汽车热管理技术 — 007

1.2 新能源汽车整车热管理系统的演变路径 — 009
    1.2.1 第1代热管理系统 — 009
    1.2.2 第2代热管理系统 — 011
    1.2.3 第3代热管理系统 — 013

1.3 新能源汽车整车热管理智能化发展趋势 — 015
    1.3.1 远程热管理 — 015
    1.3.2 本地热管理 — 017

第2章 座舱空调热管理系统 — 019

2.1 新能源汽车空调系统的构成与原理 — 020
    2.1.1 传统燃油汽车的空调系统及原理 — 020
    2.1.2 电动汽车空调制热系统及原理 — 021
    2.1.3 电动汽车空调制冷系统及原理 — 024
    2.1.4 电动汽车空调通风系统及原理 — 026

2.2 新能源汽车热泵空调系统技术分析 — 026
    2.2.1 热泵空调系统的工作特点 — 026
    2.2.2 热泵空调系统的节能效果 — 029
    2.2.3 热泵空调系统的成本分析 — 033

2.3 新能源汽车热泵空调控制系统设计 — 034
    2.3.1 热泵空调系统的温控原理 — 034

            2.3.2 部分传感器及执行器选型 — 035
            2.3.3 热泵空调的硬件电路设计 — 037
            2.3.4 热泵空调的系统软件设计 — 039
    2.4 汽车空调热管理控制系统的标定 — 040
            2.4.1 汽车空调热管理的标定地点 — 040
            2.4.2 汽车空调热管理的标定内容 — 041
            2.4.3 汽车空调热管理的标定难点 — 042
            2.4.4 汽车标定工程师的技能要求 — 043

第3章 动力电池热管理系统 — 045

    3.1 动力电池热管理系统结构与优化 — 046
            3.1.1 动力电池热管理系统概述 — 046
            3.1.2 动力电池热管理系统结构 — 047
            3.1.3 动力电池热管理系统优化 — 048
    3.2 动力电池热管理系统的主要策略 — 049
            3.2.1 冷却处理方法 — 049
            3.2.2 加热升温方法 — 053
            3.2.3 调整充放电方法 — 056
    3.3 汽车动力电池组热管理系统设计 — 057
            3.3.1 电池系统的隔热设计 — 057
            3.3.2 空调压缩机散热设计 — 059
            3.3.3 半导体散热系统设计 — 060
    3.4 动力电池液冷系统设计与控制方法 — 061
            3.4.1 动力电池液冷系统关键技术 — 061
            3.4.2 动力电池的液冷控制方法 — 062
            3.4.3 动力电池的液冷方案验证 — 063
            3.4.4 动力电池的液冷设计要点 — 065

第4章 驱动电机热管理系统 — 067

    4.1 电机热管理的控制策略与设计要点 — 068
            4.1.1 新能源汽车电机热管理概述 — 068
            4.1.2 电动汽车电机热管理的方法 — 069
            4.1.3 电动汽车电机热管理控制策略 — 071

4.1.4　电动汽车电机热管理设计要点　— 072

4.2　新型电机冷却系统结构与控制方法　— 073
　　4.2.1　电机冷却系统工作原理　— 073
　　4.2.2　新型电机冷却系统结构　— 074
　　4.2.3　新型电机冷却控制方法　— 076

4.3　电动汽车电机主动加热技术与试验　— 077
　　4.3.1　电机热管理系统方案设计　— 077
　　4.3.2　电机主动加热试验条件　— 080
　　4.3.3　低温快充试验结果分析　— 081
　　4.3.4　空调采暖试验结果分析　— 083

第5章　电子芯片热管理系统　— 087

5.1　电子芯片主动式散热技术　— 088
　　5.1.1　微通道液体冷却　— 088
　　5.1.2　液体喷雾冷却　— 089
　　5.1.3　液体喷射冷却　— 090
　　5.1.4　微型蒸汽压缩制冷　— 091
　　5.1.5　热电制冷　— 091

5.2　电子芯片被动式散热技术　— 092
　　5.2.1　热管冷却　— 092
　　5.2.2　相变储热散热　— 093

第6章　热管理系统控制策略开发　— 095

6.1　纯电动汽车热管理系统控制策略设计　— 096
　　6.1.1　热管理系统的管路结构　— 096
　　6.1.2　CAN 总线网络拓扑结构　— 097
　　6.1.3　热管理系统上下电流程　— 098
　　6.1.4　热管理系统的控制策略　— 100

6.2　热泵型整车热管理系统控制与开发　— 103
　　6.2.1　热管理系统 V 字形开发流程　— 103
　　6.2.2　热管理系统性能指标与分解　— 103
　　6.2.3　热管理系统仿真预测与控制　— 107
　　6.2.4　热管理系统标定与试验技术　— 110

6.3 非热泵型整车热管理系统控制策略 — 112
    6.3.1 整车热管理控制系统开发 — 112
    6.3.2 控制系统软件开发与测试 — 115
    6.3.3 控制系统测试与环模试验 — 117

第7章 热管理系统建模仿真及优化 — 119

7.1 EV 热管理动态仿真及控制优化 — 120
    7.1.1 热管理系统的三种形式 — 120
    7.1.2 整车热管理仿真模型 — 120
    7.1.3 控制策略及算法优化 — 123

7.2 HEV 整车热管理系统建模与仿真 — 126
    7.2.1 HEV 整车热管理系统架构 — 126
    7.2.2 HEV 整车热管理系统模型 — 128
    7.2.3 热管理系统各部件温度分析 — 129
    7.2.4 热管理系统各部件温度优化 — 129

7.3 FCV 整车热管理系统方案设计及仿真 — 134
    7.3.1 FCV 热管理系统方案设计 — 134
    7.3.2 FCV 整车热管理需求分析 — 137
    7.3.3 基于 AMESim 的系统建模 — 140
    7.3.4 热管理系统仿真结果分析 — 143

第8章 热管理系统案例解析 — 147

8.1 国外主流新能源汽车热管理系统 — 148
    8.1.1 大众 ID4.X 的热管理系统 — 148
    8.1.2 宝马 i3 座舱热管理系统 — 150
    8.1.3 奔驰 EQC 车系热泵空调系统 — 155
    8.1.4 奥迪 Q5 e-tron 空调热管理系统 — 157

8.2 国内主流新能源汽车热管理系统 — 161
    8.2.1 小鹏 P7 的热管理系统 — 161
    8.2.2 广汽埃安热管理系统 — 166
    8.2.3 比亚迪汽车热管理系统 — 167
    8.2.4 理想 ONE 的热管理系统 — 169
    8.2.5 吉利几何 C 热管理系统 — 171

8.3 特斯拉热管理系统的迭代与演进 — 172
　　8.3.1 特斯拉热管理系统技术概述 — 172
　　8.3.2 特斯拉第1代热管理系统 — 173
　　8.3.3 特斯拉第2代热管理系统 — 174
　　8.3.4 特斯拉第3代热管理系统 — 175
　　8.3.5 特斯拉第4代热管理系统 — 177

参考文献 — 180

第 1 章
整车热管理系统概述

1.1 新能源汽车整车热管理系统架构与技术 — 002
1.2 新能源汽车整车热管理系统的演变路径 — 009
1.3 新能源汽车整车热管理智能化发展趋势 — 015

1.1 新能源汽车整车热管理系统架构与技术

1.1.1 整车热管理系统架构

一般来说，运行状态下的控制系统和动力部件等均会吸收或散发热能，整车热管理系统可以有效调控各个子系统和部件的温度，如空调、发动机、电机、动力电池等，确保其温度始终处于适宜的工作温度范围内，以便提高车辆的能源利用效率，充分保证车辆的经济性和安全性。

新能源汽车不仅能够为人们的出行带来方便，还能够减少污染物排放，防止生态环境恶化。为了推动新能源汽车普及应用，汽车领域的相关研究人员需要加大对电机能量转化和高密度电池储能效率控制两项内容的研究力度，进一步提升新能源汽车的热管理效率，增加新能源汽车的续驶里程。

(1) 传统燃油汽车热管理

汽车中包含多个智能系统，这些系统在功能和零部件等方面均存在一定差异，各项零部件的运行温度和材料耐受温度也各不相同。一般来说，传统燃油汽车的热量大多来自发动机和各个系统，整车热管理系统需要以加热、保温和散热等方式来对各项零部件的温度进行调控，将各项零部件的温度保持在适宜的工作温度范围内，从而确保电池的使用寿命不受温度因素影响，同时充分保障汽车功能安全。

在传统燃油汽车中，发动机的性能决定着整个车辆的能源利用率，热管理系统具有结构复杂度低、运行能耗相对较少等特点。具体来说，传统燃油汽车的热管理主要涉及以下三项内容：

• 动力系统热管理：热管理系统可以通过风冷或液冷的方式转移发动机等动力部件所产生的热量，降低动力系统的温度。

• 变速箱冷却系统：热管理系统中的变速箱冷却系统可以驱动空气、冷却液等冷却介质流经变速箱处的管道和散热器芯片，利用冷却介质进行能量转移，进而达到降低变速箱温度的效果。

• 座舱空调热管理：热管理系统可以回收发动机余热，并利用这部分热量来对座舱进行热循环管理，提升座舱内的温度，也可以利用空调冷媒来降低座舱温度，实现对座舱温度的有效调控，充分满足车辆驾乘人员在舒适度方面的需求。

(2) 新能源汽车热管理

为了更加契合新能源汽车的动力特点和运行需求，其热管理系统在传统燃油汽车热管理系统的基础上进行了改进。改进之处主要体现在两个方面：其一，增加了传统热管理系统不包含的部分，比如为"三电"配备的冷却系统以及热泵、电池冷却器或冷却板等部件；其二，替换了部分传统热管理系统中的重要部件，比如将普通压缩机替换为电动压缩机，将发动机和变速箱替换为"三电"。

良好的热管理系统既能够有效调控电池的工作温度，提高电池的利用率和使用寿命，也能够提高能量的再利用率，增强电动汽车的续驶能力。一般来说，电动汽车热管理系统主要包含 3 部分，分别为电机电控热管理、动力电池热管理和乘员舱热管理。

① 电机电控热管理。电机电控热管理中包含电子水泵、补偿水壶、低温散热器、电控单元冷却模块、逆变器冷却模块、驱动电机冷却模块等多个组成部分，能够对纯电动汽车中的多项设备进行温度调控。如逆变器、启动电机、电控单元三项设备的散热量均比较低，且具有十分相近的适宜的工作温度，因此在纯电动汽车当中通常以串联的方式相连接。

② 动力电池热管理。动力电池热管理中包含冷却器、电子水泵、水加热器、电池水冷模块和冷媒制冷回路等多个组成部分，能够在不同的工况下发挥作用，确保电池的温度始终处于适宜工作温度范围当中。从温度上来看，高温易导致电池出现使用寿命缩短、稳定性降低等问题；低温易导致电池出现安全性不足等问题，同时也会对电池的放电功率造成影响，因此电池热管理系统需要兼具制冷和制热两项功能，能够对电池的温度进行调控，确保其始终处于适宜的工作温度范围内。一般来说，各类电池的适宜工作温度范围各不相同，例如，铅酸电池的适宜工作温度为 20~45℃。

③ 乘员舱热管理。乘员舱热管理包含冷凝器、蒸发器、电动压缩机和空气加热器等多个组成部分的热管理。纯电动汽车的乘员舱热管理与传统汽车相比，并没有较为明显的不同之处。

随着锂离子电池技术的不断发展，电池能量密度越来越高，纯电动汽车的续驶里程也在一定程度上得到了提升。从市场需求的角度上来看，纯电动汽车的使用环境和使用区域正在逐渐扩大，用户对车辆的续驶能力的要求日渐提高，电动汽车亟须进一步提升驱动单元和动力单元的性能，此时，电机电控、电池热管理的重要性也逐渐突显出来。对电动汽车行业来说，为了满足市场需求，应在保证整车性能不受影响的前提下进行电动汽车整车热管理，提高热管理系统的节能性和高效性，降低热管理系统对车辆续驶能力的影响。

1.1.2 热管理系统的核心零部件

汽车热管理系统具有保障汽车安全、提高驾乘舒适度、减少能源浪费、降低使用成本和增加使用寿命等诸多作用，能够在一定程度上提升汽车的安全性、舒适性、节能性、经济性和耐久性。

汽车热管理可以充分发挥车辆各部件和子系统的作用，通过对汽车各部分的统筹调度和优化来解决汽车中的各项温度控制问题，确保汽车的所有功能模块均处于最佳温度工况区间，从而达到提升车辆的经济性和动力性的目的，并为车辆行驶的安全性提供强有力的保障。

车辆的热管理是根据实际需要进行加热或散热，以达到保温或降温的目的。整车的热管理有多种实现方式，比较常见的如利用车内空调进行热管理，此外还有高压系统加热散热、前挡风玻璃除雾加热等。热管理的作用是控制车辆部件的温度处于适当的范围内，避免零部件的性能因温度过高或过低而受到影响，而零部件的性能又会在一定程度上影响整车的性能。

汽车热管理系统中包含电子水泵、电磁阀门、压缩机、PTC❶加热器、电子散热风扇、冷凝器和蒸发器等多种零部件。

（1）电子水泵

电子水泵是用于输送液体和增大液体压强的工具。从作用原理上来看，电子水泵可以利用原动机的机械能或其他外部能量来输送液体，根据动力或系统中的其他部件的运行情况来衡量液体流速，并通过对水泵流量的控制实现有效的流速控制，从而借助以不同流速流动的液体来降低各功能模块的温度。电子水泵如图1-1所示。

图1-1 电子水泵

（2）电磁阀门

电磁阀门指的是用于电子控制的阀门，通常可分为两通阀和三通阀两种类型。一般来说，冷凝口处流出的制冷剂为高温高压的液体，电磁阀门可以在制冷剂尚未进入蒸发器的时候根据实际情况来控制阀门打开或关闭，以便将制冷剂流量控制在合适范围，并达到节流的目的，同时也可以通过降压的方式来使液态制冷剂的饱和温度下降，从而达到降温的目的。

（3）压缩机

压缩机是一种用于压缩气态制冷剂的机械设备。从作用原理上来看，压缩机可以以推动和压缩的方式来对气态制冷剂做功，将低温低压的制冷剂气体转化为高温高压的制冷剂气体。新能源汽车压缩机仿真模型如图1-2所示。

（4）PTC加热器

PTC加热器是一种由陶瓷加热元件和铝管组成的电阻式加热装置，具有热阻小、换热效率高等优势，一般来说，其额定工作电压为350～550V。从工作原理上来看，PTC加热器在刚接通电时的电阻较低，加热功率较大，在温度高于居里温度时，阻值会迅速上升，随之产生大量热量，这些热量会通过水泵中的介质传输到相应部件当中。

---

❶ PTC：正的温度特性，常指正温度系数很大的半导体材料或元器件。

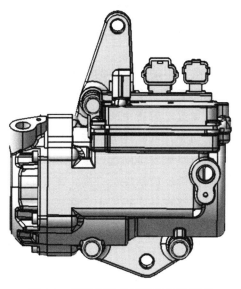

图 1-2　新能源汽车压缩机仿真模型

(5) 电子散热风扇

电子散热风扇是一种具有主动送风功能的散热设备，具有效能高、尺寸小、布置难度低等诸多优势，大多位于散热器后方，能够增强散热器的换热性能。

(6) 冷凝器

冷凝器是一种用于冷却高温制冷剂的工具。从作用原理上来看，冷凝器可以降低来源于压缩机的高温高压的气态制冷剂的温度，并通过降温的方式将其转化为液态制冷剂。

(7) 蒸发器

蒸发器是一种用于对制冷剂进行汽化处理的设备。从作用原理上来看，蒸发器可以吸收空气中的热量，并将这些热量传递给制冷剂，实现让制冷剂汽化的效果。一般来说，节流装置输出的制冷剂大多同时拥有气态和液态两种状态，这种制冷剂通常被称为湿蒸气，蒸发器中的湿蒸气会通过吸收周围空气中的热量的方式蒸发成饱和蒸气，饱和蒸气继续吸热则会进一步变成过热蒸气。

1.1.3　纯电动汽车的热管理技术

纯电动汽车的热管理系统不仅要将座舱内的温度、湿度和送风温度等均控制在适宜水平，为驾乘人员提供良好的驾乘体验，还要控制好动力电池的温度，确保车辆运行的高效性和安全性。

动力电池的冷却方式包含空气冷却、液体冷却、散热片冷却、相变材料冷却和热管冷却等多种类型。温度能够对电池内部结构和锂离子化学反应等造成影响，进而影响到锂离子电池的使用性能。

在低温环境中，当锂离子电池处于充电或放电状态下时，电解液的离子电导率较低，正极和负极的阻抗较高，这会导致电池正极和负极表面的电荷传递阻抗变大，锂离子在负极的扩散速度下降，进而引起各项关键指标变化，如电池倍率放电性能、电池充放电效率等。

当温度较低时，电池的电解液中的部分溶剂会出现一定程度的凝固现象，导致锂离子难以快速迁移；当温度继续降低时，电解质盐在电化学反应时的阻抗会越来越高，离子的离解常数则会越来越低，导致电解质中的离子迁移速率进一步降低，进而出现电化学反应速率变缓的情况。不仅如此，低温还会造成金属锂枝晶反应，锂金属枝晶可能会刺破电池隔膜，导致电池出现短路等安全问题，也会导致电解液分解，浓差极化升高。

在高温环境下，材料的电化学反应活性会升高，离子的扩散速率和锂离子的迁移速率都会变快。由此可见，高温能够在一定程度上增强锂离子电池的充放电性能。但当温度持续升高直至超出一定阈值时，SEI膜将会被分解，嵌锂碳会分别与电解液和粘接剂发生反应，电解液和正极材料均会发生分解反应，导致电池的使用寿命缩短，使用性能下降。

以上各项反应均具有不可逆性，因此对电池造成的伤害也很难恢复。具体来说，当这些反应的反应速率变快时，电池中用于可逆电化学反应的各类物质的含量会快速下降，导致电池性能迅速降低；当电池温度超过安全温度时，电池的电解液和电极都会发生分解反应，导致电池内部迅速产生大量热量，进而电池出现热失效问题，无法继续使用；当电池箱内的空间较小时，电池将无法快速散热，进而出现热量堆积等问题，严重时可能还会引起大范围的热失效现象，导致电池出现冒烟、自燃、爆炸等安全问题。

动力电池冷启动需要经过多个环节。首先，在车辆启动之前，电动汽车需要利用电池管理系统（battery management system，BMS）来检查电池模块的温度；其次，BMS要对比温度传感器所感知温度的平均值和目标温度，当平均值高于目标温度时，车辆将会正常启动，反之，则需要启动PTC加热器，提高电池温度；最后，BMS还需在PTC加热器工作时对电池温度进行监测，以便在温度的平均值达到目标温度时让PTC加热器停止加热。

运行状态下的电动汽车可以按照自身需求选择不同的工作模式，如空调需求模式、动力电池需求模式、动力电池+空调需求模式。

当电动汽车处于空调需求模式时，压缩机会在蒸发器温度超过6℃时开始以相应转速运行，同时也会借助空调制冷回路来进行散热，以便降低电池温度，为汽车的安全稳定运行提供保障。

当电动汽车处于动力电池需求模式时，压缩机需要先以固定转速运行20s，达到预热的效果，再开启制冷器阀门，关闭空调制冷阀门，最后对电池出入水口的温度进行检测，并根据检测结果来控制转速。

当电动汽车处于动力电池+空调需求模式时，系统会对蒸发器的温度和膨胀水箱的压力进行感知，并在感知到蒸发器温度超过6℃且膨胀水箱压力适宜的情况下打开电子水泵，同时对动力电池出入水口的温度进行检测，驱动压缩机按固定转速运行20s，并开启冷却器阀门和空调制冷阀门，从而让压缩机围绕温度需求继续运转，达到满足模式需求的目的。

如果压缩机已经以最大负荷运转，但还是无法将动力电池出入水口的温度降低到设定温度，那么系统则需要进一步提高电子水泵的运转速度，如果这仍旧满足不了动力电池需求，那么系统还需将空调制冷阀门关闭，并再次对动力电池出入水口的温度进行检测，如果这也无法帮助电动汽车实现对电池温度的有效控制，那么系统必须开始限制动力电池的输出功率，并向驾驶员发出警告信号，提醒驾驶员及时停车并采取相应的措施来为动力电池降温，防止出现电池受损、自燃、爆炸等问题。

1.1.4 混合动力汽车热管理技术

混合动力汽车热管理系统主要实现三项功能：首先，应实现发动机冷却功能，能够及时为车辆的发动机降温；其次，应实现电机冷却和电池冷却功能，能够及时为电机和电池散热；最后，还应具备乘员舱换热和空调控制方面的功能，确保舱内温度适宜。

作为热力源的发动机能够在运行的同时燃烧燃料并释放热量，因此电动汽车在对动力系统加热时对PTC部件的需求较小，大多数情况下，发动机运行所产生的热量就已经能够基本满足动力电池的初始加热需求和驾驶舱热需求。

当混合动力汽车的发动机处于运行状态下时，如果热管理系统已经能够满足车辆的热需求，但却存在冷却不足的问题时，那么发动机内部的各个机件的温度将会变高，机械强度会有所下降，同时过高的温度会导致出现零件损坏程度加重、润滑油变质和润滑油结焦等现象，不仅如此，缸内燃烧也会受高温影响，出现内燃机功率下降的问题；如果热管理系统在满足车辆的热需求的同时过度冷却，那么气缸壁的温度将会下降，高温混合气在接触到温度较低的气缸壁时会出现凝结现象，并转化成液体流到曲轴箱当中，导致冷却液带走的热量变多，用于转换成有用功的热量不足，进而出现燃油量增多的情况。

高温会导致电机内部零件受损，引起电机故障，不利于电机内各个零件正常运行，同时也会造成耗电量增多，而冷却系统能够为电机的高效稳定运行提供保障。具体来说，水泵和风扇能够有效降低电机温度，但各项附件用电过多也会影响节能。

综上所述，发动机和电机冷却系统均具有降温功能，能够为冷却对象散热，确保其温度始终维持在适宜温度。

热管理系统能够通过对电池出入水口温度的有效控制来将出口水温维持在合理范围。现阶段，汽车行业在出口水温度控制方面仍旧面临许多难题，如非线性、时间滞后严重、多变量耦合等。从实际操作上来看，热管理系统需要不断缩小实际温度和目标温度之间的温差，但对温度进行控制的过程中往往需要消耗大量能量，还可能存在效率低下等问题。

发动机冷却系统主要由散热风扇、散热器、水泵、节温器和相关管路构成。具体来说，管路包括大循环管路和小循环管路两部分，冷却液可以在管路中流动，并带走热量，同时风扇也可以发挥散热作用，从而降低发动机的温度；小循环管路能够为发动机预热，迅速将发动机的温度调整到最佳工作温度。

冷却系统中小循环管路结构图如图1-3所示。

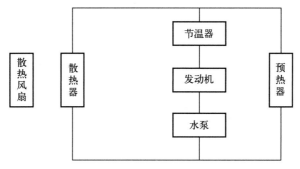

图 1-3 冷却系统中小循环管路结构图

从作用流程上来看，当冷却液温度尚未达到 80℃时，冷却液会在小循环管路中流动，也就是在图 1-3 右侧回路中流动；当冷却液温度超过 90℃时，节温器将会向左侧打开，此时冷却液会在大循环管路当中流动，也就是在图 1-3 左侧回路中流动，同时冷却液的温度也会在流经散热器之后下降。

电机冷却系统主要由散热风扇、散热器、水泵和相关管路构成。空调冷凝器具有与散热器相同的作用，可以取代散热器。一般来说，当电机处于工作状态时，水泵也会进入工作状态，驱动冷却介质在管路当中流动起来，从而达到散热的效果。

电机冷却系统结构图如图 1-4 所示。

动力电池冷却系统主要由水泵和散热翅片构成，且散热翅片具有较好的传热性能。从工作流程上来看，当电池温度处于最佳工作温度时，水泵将驱动冷却液在水套中流动，冷却液会在流经电池组时吸收电池组的热量，并在流经散热翅片时与空气换热，从而达到散热的效果，确保动力电池继续处于适宜的温度当中。

动力电池冷却结构如图 1-5 所示。

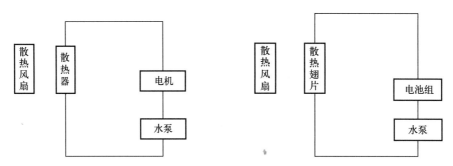

图 1-4 电机冷却系统结构图　　　　图 1-5 动力电池冷却结构图

混合动力汽车的动力电池热管理主要涉及如下四种情况，热管理系统在对电池温度进行控制时需要根据实际情况采取相应的措施。

① 当环境温度低于 10℃且只能使用发动机时，动力电池尚未达到工作温度，也不会进入运行状态，混合动力汽车由发动机单独驱动，同时动力电池的预热也需要由发动机来完成。

② 当环境温度超过 10℃且动力电池的电量不足 35%时，混合动力汽车仍旧由发动

机单独驱动，若电池温度处于 10～25℃，那么系统将会打开发动机给电池预热的冷却液回路；若此时的电池温度超出 25℃，那么发动机冷却系统将进入运行状态。

③ 当环境温度超过 10℃且动力电池的电量处于 35%～55%时，动力电池将进入电量维持模式，若发动机输出功率无法满足车辆的需求，那么电机也要开始运行，并为车辆提供一定功率，同时车辆将会进入由发动机和电机联合驱动的状态当中；若此时的电池温度不足 25℃，那么各个动力部件所对应的冷却系统将进入运行状态。

④ 当环境温度超过 10℃且动力电池的电量高于 55%时，混合动力汽车由电机单独驱动，但热管理系统也需要根据发动机的温度来采取相应的调控措施。具体来说，若发动机的温度低于 70℃，那么系统将会打开预热回路阀门，让冷却液可以流经小循环管路，从而达到为发动机预热的目的；若发动机的温度高于 70℃，那么系统将会自动开启电机冷却系统和动力电池冷却系统，以便为电机和动力电池散热。

1.2 新能源汽车整车热管理系统的演变路径

1.2.1 第1代热管理系统

第 1 代热管理系统多用于 2015 年以前上市的电动汽车当中，这些电动汽车大多具有续驶能力较弱、电池容量较小等特点。在这些电动汽车当中，电池热管理系统与电机/电控热管理系统之间相互独立，且电机/电控热管理系统大多采用串联冷却式样，需要借助低温散热器来对部件进行降温。串联电机/电控/附属电器冷却系统（第 1 代热管理系统）如图 1-6 所示。

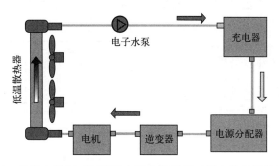

图 1-6　串联电机/电控/附属电器冷却系统（第 1 代热管理系统）

在电动汽车发展初期，技术水平和成本投入较低，汽车驱动系统中的散热部件主要涉及电机、充电器、逆变器、电源分配器等设备，且冷却系统大多以串联的方式连接各项设备。从冷却液流经顺序上来看，在第 1 代热管理系统当中，冷却液需要分别冷却各项部件，先流经低发热、高敏感度的部件，降低这些部件的温度，再流经高发热部件。

这种冷却方式存在回路过长、流阻过大等问题，系统需要具备较强的水泵性能和加注性能，以便充分满足各部件的温度调控需求。

为了解决系统中存在的各项问题，电动汽车行业将驱动系统的模块化设计应用到电机/电控冷却系统当中，对电机/电控冷却系统进行优化升级。优化的电机/电控冷却系统如图 1-7 所示。

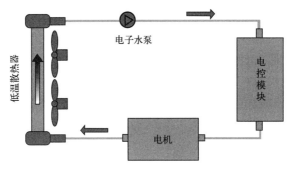

图 1-7 优化的电机/电控冷却系统

经过优化的电机/电控冷却系统集成了多种电器功能，且电控模块与电机之间的距离较近，大幅缩短了系统回路的长度。这种经过优化的电机/电控冷却系统已经应用到多种车型当中，如日产的 LEAF 车型。

在纯电动汽车发展初期，大多数车辆的续驶里程都在 200km 以内，且电池的能量密度较低，电池容量较小。在热管理方面，这些车辆中所装配的电池热管理系统大多通过自然风冷或主动风冷的方式来调控电池温度。

自然风冷指的是利用外界空气来带走电池壳体的热量，降低电池包的温度。一般来说，在采用自然风冷的纯电动汽车当中，电池包大多安装在通风的位置，如地板处。

强制风冷指的是根据热流体仿真分析结果来对电池各区域的温度进行强制性调控。一般来说，在采用强制风冷的电池风冷系统当中，通常配有鼓风风扇、专用风道等工具，且受电池发热量、电池内部温差等因素的影响，各类车型通常装配不同式样的电池内部风道。电池强制风冷风道类型如图 1-8 所示，其中，合理性最高的风道为并联风道。

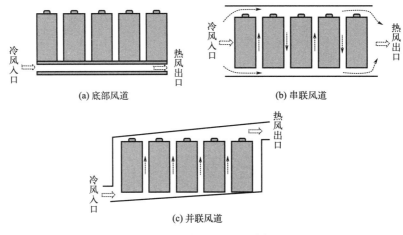

图 1-8 电池强制风冷风道类型

1.2.2 第2代热管理系统

随着动力电池技术的不断进步，电池的能量密度越来越大，电池容量也日渐升高，与此同时，电池在充电和放电时的产热量也越来越多，传统的风冷技术难以充分满足车辆动力电池的散热需求，电动汽车行业需要进一步优化升级电池热管理系统。

第2代热管理系统既能够通过水冷的方式来降低电池温度，也能够与空调系统相耦合，确保温度调控的高效性，同时还能够充分发挥电池加热技术的作用，保证电池的低温性能。

与第1代热管理系统相比，第2代热管理系统在系统建构方面并未做出较大改变。第2代热管理系统代表回路如图1-9所示。

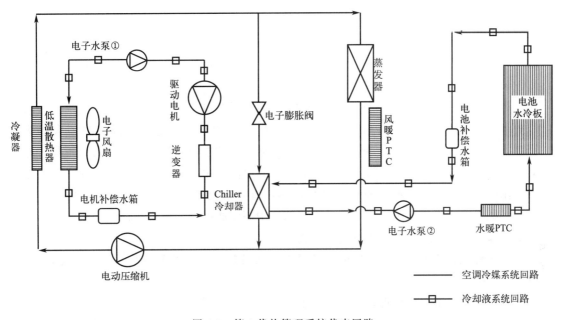

图1-9　第2代热管理系统代表回路

电池热管理系统在调控电池温度时既可以制冷，也可以加热。当电池热管理系统处于制冷状态时，可以通过在冷却器中蒸发冷媒的方式来降低内部翅片温度，并利用翅片与电池的暖水进行换热，利用电子水泵将经过换热的冷水传送到电池内部的冷却板当中，形成一个完整的热循环。对于处于低温状态的电池，电池热管理系统会专门设定相应的水暖正温度系数（positive temperature coefficient，PTC），并使用低于5kW的功率来运行。第2代热管理系统已经应用到多种车型当中，如荣威E50、帝豪EV、景逸S50EV等。

为了实现电池采暖，电动汽车行业中的部分企业综合运用空调采暖和电池加热两种方式，构建电池采暖与空调制热共用加热器系统。具体来说，电池采暖与空调制热共用加热器如图1-10所示。

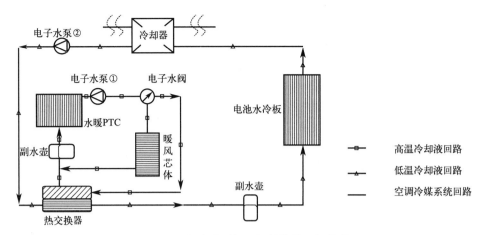

图 1-10 电池采暖与空调制热共用加热器

电池采暖与空调制热共用加热器系统，可以利用水加热器来为暖风和电池制暖，也可以借助空调系统作用于传统的燃油汽车，具有较强的实用性，但在实际应用方面，电动汽车行业的相关工作人员还需为该系统重塑空调制热回路，将电子水泵和相应的管路装配到系统当中。

为了达到车辆在除霜、除雾等方面的各项相关要求，加热器的功率大多会超过7kW，进入暖风芯体中的冷却液的温度通常在80℃以上，但电池的温度限值大约为50℃，温度过高的冷却液会导致电池过热，进而影响到电池的使用寿命。由此可见，电动汽车行业的相关工作人员需要将换热器装配到电路当中，以便进行水热交换。除此之外，比亚迪元等车型借助四通阀来进行换热，有效解决了以上问题。从实际应用上来看，系统既要对电池制暖温度和电池采暖部分中高温防冻液的量进行控制，也要充分发挥电子水阀的作用，对系统流量进行控制。

总而言之，这种共用加热器的系统具有构成件较多、复杂度较高、控制难度较大、成本支出较高等特点。

具体来说，第 2 代热管理系统构建主要涉及以下 3 项内容：

① 电机/电控系统和电池热管理系统相互独立，且系统构成复杂度较低，电动汽车可以根据实际情况分别对两个系统进行单独控制。

② 电池热管理系统可以调控电池温度，确保电池温度始终处于 15～35℃ 的适宜工作温度区间，保证电池的稳定性和使用寿命。与此同时，系统还可以充分发挥电池采暖功能的作用，强化电池在低温时的性能，缩短电池的低温充电时间。2019 年 4 月，中国汽车技术研究中心有限公司发布 2019 版《EV-TEST（电动汽车测评）管理规则》，并在该规则中对电池的充电时间作出明确要求，当测评分数超过 90 分时，电池的充电状态（state of charge，SOC）为 0%～80% 的低温充电时间/常温充电时间不能超过 1.38。

③ 系统需要利用压缩机来进行电池制冷，利用高压水加热器来进行电池采暖。当电池处于低温环境中时，充放电过程中的采暖需求和成员舱的制热需求较大，需要消耗大量能源，进而对车辆的续驶能力造成影响。

1.2.3 第3代热管理系统

为了解决第2代热管理系统中存在的高能耗问题,电动汽车行业需要进一步加强对电池热管理系统的研究,打造具有高效性和节能性的热管理系统。

从温度控制范围上来看,电机/电控系统与电池热管理系统之间存在一定的差别,一般来说,电池的适宜工作温度为15~35℃,而电机/电控的系统温度大多会超过这一区间。具体来说,电机/电控工作温度要求如表1-1所示。

表1-1 电机/电控工作温度要求

部件名称	电控单元	逆变器	驱动电机
工作温度/℃	<55	<65	<65

在环境温度的作用下,电机/电控系统的水温通常约为50℃,当电池处于低温状态时,这些水将会流入电池,为电池预热;当电池处于低温环境中时,电机/电控系统并不存在较大的散热需求,几乎不需要使用低温散热器;当电池出现制冷需求时,则要利用低温散热器来降低电池温度。第3代热管理系统代表回路如图1-11所示。

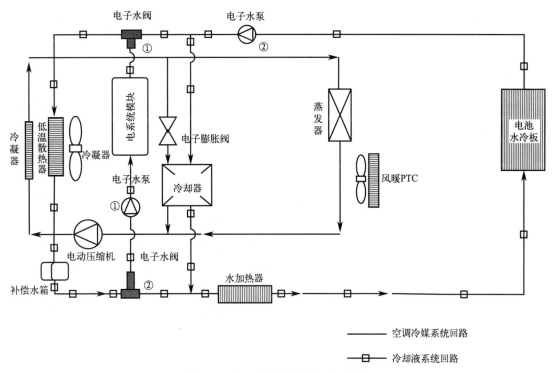

图1-11 第3代热管理系统代表回路

当电池处于慢充或高负荷放电状态时,第3代热管理系统可以根据环境温度选择合适的制冷方式,也可以提高能量利用率,将电机/电控的余热用于电池制暖或保温。

这一功能在前后双驱动电机/电控系统中表现出了较强的实用性。例如,汽车行业的相关工作人员可以对处于-7℃环境温度中的车辆进行0.5h CLTC（China Light-duty Vehicle Test Cycle，中国轻型车辆测试循环）工况循环模拟，并对电机冷却水温和电池有无余热回收电池温度进行分析。

当电机冷却液与电池之间的温差超过20℃时，系统会进行余热回收，热量利用率较高；当电池所处环境的温度为-7℃时，并未充分利用余热，升温幅度较小。

第3代热管理系统工作模式如表1-2所示。在该表格中，T_{bat}所代表的是电池的实际温度，T_{min}所代表的是电池制暖开启限值温度，T_{max}所代表的是电池制冷开启限值温度。

表1-2　第3代热管理系统工作模式

零件工作状态		行驶				充电			
		$T_{bat}<T_{min}$	$T_{min} \leqslant T_{bat} \leqslant T_{max}$	$T_{bat}<T_{max}$	$T_{bat}>T_{max}$	$T_{bat}<5℃$	$T_{min} \leqslant T_{bat} \leqslant T_{max}$	$T_{bat}<T_{max}$	$T_{bat}>T_{max}$
水加热器		(√)	×	×	×	√	×	×	×
电池制冷器		×	×	(√)	√	×	×	(√)	√
压缩机		×	×	(√)	√	×	×	(√)	√
电子膨胀阀		×	×	(√)	√	×	×	(√)	√
水阀	①	通	×	通或关	关	关	×	通或关	关
	②	通	×	通或关	关	关	×	通或关	关
电子水泵	①	√	√	√	√	×	×	×	×
	②	√	(√)	√	√	√	(√)	√	√

工作模式包括行驶和充电两种工况，概括如下。

（1）行驶工况

① $T_{bat}<T_{min}$：当环境温度和电池温度都比较低时，系统可以利用电机的余热来为电池加热或保温。当电池处于放电状态时，将会散发热量，此时若温度过低，那么水加热器则会开始工作，若温度不够低，水加热器则不会开始运转。

② $T_{min} \leqslant T_{bat} \leqslant T_{max}$：当电池温度处于适宜工作温度范围当中时，系统可以通过对电机/电控系统制冷的方式来调控电池温度，但由于电池内部需要保持温度均衡，系统需要根据实际情况来设定电子水泵开启时间。

③ $T_{bat}<T_{max}$（散热器出水温度<25℃）：当电池在低温环境中高负荷工作时，如长时间爬坡、高速行驶、堵车等，放电功率较大，温度越来越高，制冷需求逐渐增大；当电池所处环境的温度较低时，低温散热器将会以较高的效率进行换热，流经低温散热器的冷却液的温度将会降至25℃以下，并继续流到电池水冷板当中，为电池包降温。

④ $T_{bat}>T_{max}$（散热器出水温度>25℃）：当电池所处环境的温度较高时，流经低温散热器的冷却液的温度大多超出35℃，系统需要与空调系统协同作用，利用压缩机和电池冷却器为电池降温。

(2) 充电工况

① $T_{bat}<5℃$：当电池温度较低时，电池的活性较低，充电时需要先利用水加热器来进行制暖，因此花费的充电时间较多。相关实验显示，具备主动制暖功能的电池热管理系统能够有效缩短电池充电时间。

② $T_{min}≤T_{bat}≤T_{max}$：当电池在充电状态下的温度始终处于适宜工作温度范围内时，系统需要根据电池的温差来控制电子水泵的开闭，进而达到调控电池温度的目的。

③ $T_{bat}<T_{max}$（散热器出水温度<25℃）：当电池处于该工况下时，系统可以借助低温散热器来降低电池温度，但若电池采用大电流快充的方式进行充电，那么温度上升速度将明显加快，系统需要利用压缩机和电池制冷器来对电池进行高效制冷。

④ $T_{bat}>T_{max}$（散热器出水温度>25℃）：当电池所处环境的温度较高时，如电池采用大电流快充的方式进行充电时，系统需要开启压缩机，并充分发挥电池制冷器的作用，降低电池温度。

第 3 代热管理系统能够有效降低打开压缩机和水加热器的频率，减少整车能耗，提高车辆的续驶能力。

近年来，电机/电控系统和电池热管理系统的各项要求越来越高，许多电动汽车厂商开始将基于水冷的电机/电控系统和电池热管理系统应用到电动汽车热管理当中，不仅如此，相关法律法规也对电动汽车的续驶能力提出了要求，电动汽车行业需要开发并应用能够进行热能再利用的电机/电控系统，推动电动汽车热管理系统向高效性的方向发展，提高电动汽车的节能性和高效性。

随着泵技术产业化的速度逐渐加快，电动汽车行业需要综合考虑多个系统，如电机/电控系统、电池热管理系统、乘客舱热管理系统等，并在此基础上进一步提高热管理系统的高效性和节能性。与此同时，电动汽车行业还需加大对第 3 代热管理系统中的各项零件的开发力度，如流量调节水阀、高功率电子水泵、集成化的热管理模块等，并推动这些零件向产业化的方向快速发展。

1.3 新能源汽车整车热管理智能化发展趋势

1.3.1 远程热管理

在燃油汽车时代，发动机和控制系统的运转为整车提供热量，这种模式下汽车的热管理功能比较简单。而在新能源汽车中，汽车的动力源由发动机变为动力电池，整车的零件也越来越多、越来越复杂，由此形成了更多的热量源。保障新能源汽车的驾驶安全，需要对众多的热量源实施有效管理。

在电动汽车时代，汽车智能化是业界关注的焦点，而智能化也是汽车热管理的重要方向。借助智能化手段，可以提高热管理的精准度，合理高效地利用整车热量。此外，智能热管理还能够在不增加电池容量的情况下延长整车续驶，提高能量利用效率和系统能耗比，这对于碳中和目标的实现具有积极意义。

与离线型的传统汽车热管理系统不同，汽车智能热管理系统是一种运用了智能化手段的全新产品，体现了汽车智能化的发展趋势。智能热管理系统对整车热量采用统一管理的方式，这个过程要用到系统软件，并参考多种信息，包括电池充电状态、环境温度、驾驶模式等信息。智能热管理系统可以提升热量利用效率，延长整车的续驶，实现汽车能量的精细化管理。智能热管理目标如图1-12所示。

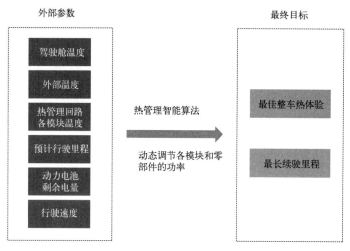

图1-12　智能热管理目标

智能热管理分为远程热管理和本地热管理两种，代表了两种不同的工作模式，我们首先来看远程热管理。在远程热管理模式下，用户可以借助APP远程控制车辆热量，包括车内热量和车身热量两类。远程热管理包括预热模式和休息模式两种功能。

（1）预热模式

预热模式又名"预定用车模式"，此模式的应用类似于智能家居控制。用户设定座舱温度和用车时间等参数，系统结合用户设定参数以及 SOC、环境温度等其他参数，执行热管理功能。预热模式热管理的作用区域为座舱及玻璃视镜、动力电池及系统。座舱经过预加热后将达到用户所需要的适宜温度，而对动力电池实施预热能够将整车状态调整到最佳，改善用户的驾驶体验。预热模式热管理的流程如图1-13所示。

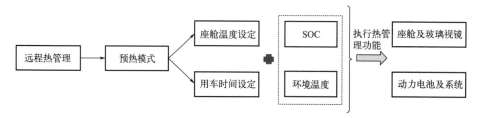

图1-13　预热模式热管理流程示意图

(2) 休息模式

在休息模式下，用户不会驾驶汽车，只是远程设定座舱温度，所以休息模式热管理的作用区域只包括座舱，不包含动力电池。通过对空调、玻璃视镜实施热管理，打造一个舒适的座舱环境，使用户能够在座舱内更好地休息。

1.3.2 本地热管理

本地热管理是汽车主要的热管理模式。整车热管理系统原本由各个独立的模块组成，而在智能化的本地热管理下，热管理系统的各模块间建立起连接，可以进行能量的交互。连接要用到可控阀门，阀门可随时进行切换，将各个模块以串联或并联的方式连接在一起。

下面我们以电机为例，对能量交互进行介绍。在行车过程中，持续运行的电机会生发出大量的热量，不过由于安装位置的限制，电机产生的热量不能借由风机直接实现座舱加热，而需要借助电机冷却管路中的冷却液循环进入座舱，形成能量交互。

此外，电机拥有较快的转速响应时间，因此当处于高速运行状态时能够以较快的速度生发出热量。在车辆起步阶段，冷却液循环可以将电机高速运行产生的热量传至动力电池，以起到辅热作用。由此，电机、电池、座舱的冷却回路之间实现了能量交互，如图1-14所示。

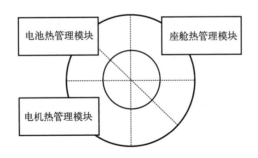

图1-14 通过阀门控制不同区域实现能量交互

但是，各模块的热管理属性并非一致，所以无法始终保证整车热量传递的有效性。以动力电池的热管理模块为例，其热管理属性是制热和冷却，它的加热和冷却功能可用于调节电池系统的工作温度，使工作温度不超出适宜的范围，但不能用来主动加热或冷却其他区域。

电机热管理模块的热管理属性只有制冷，可以借助冷却回路将电机的工作温度控制在适宜的范围内，不过与电池热管理模块的情况类似，它不能主动为电机系统以外的其他系统提供冷却功能。

座舱热管理模块的热管理属性包括制热和冷却两方面，与电池和电机的热管理模块不同，它能够主动对温度实施调节控制，可以主动为其他系统提供制热和冷却功能。各模块的热管理属性如图1-15所示。

此外，比起制热需求，系统对于制冷的需求通常更为迫切。制冷需求是在热量已经

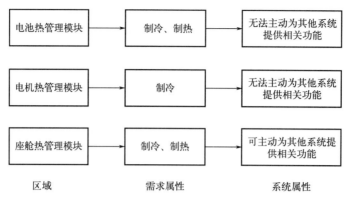

图 1-15 区域热管理属性

有了一定积累的情况下出现的,并且为了保障系统的安全,冷却要在短时间内完成。制冷需求是为了保障安全,而制热需求则是为了给系统或用户创造一个更加舒适的环境,相对而言不是那么迫切,并不一定要在很短的时间内完成制热。

考虑到制冷需求的性质,将座舱主动制冷功能用于电池或电机的辅助冷却不会收到明显的效果,同时从经济性的角度考虑,辅助冷却功能也不是一个很好的方案。因此一般情况下电池和电机仍只借助自身系统进行本区域的冷却。

在车载环境中,辅助冷却功能通常不是必要的,在实际应用过程中,这一功能也不必主动实现。多通阀的变化可以延长电池和电机的冷却回路,电池和电机自身的冷却循环系统可以将区域内的热量运出去,以此实现降温。辅助冷却功能可以为这一过程提供物理回路。另外,在此过程中有一点需要注意,当使用多通阀时,需对循环水泵的控制流量进行再一次的评估,如果循环水泵的性能达不到要求,系统的冷却循环将无法正常进行。

综上,智能热管理可以对热量进行精细化控制,实现热量的交互,由此提升热量的利用效率。此外,热管理功能不再局限于系统的制冷和制热,而是致力于在保障驾驶安全的同时创造更符合用户期望的热量应用场景,为用户带来更好的驾驶体验,这与汽车智能化的发展趋势也是相契合的。

第 2 章
座舱空调热管理系统

2.1 新能源汽车空调系统的构成与原理 — 020
2.2 新能源汽车热泵空调系统技术分析 — 026
2.3 新能源汽车热泵空调控制系统设计 — 034
2.4 汽车空调热管理控制系统的标定 — 040

2.1 新能源汽车空调系统的构成与原理

2.1.1 传统燃油汽车的空调系统及原理

近年来，新能源汽车的应用越来越广泛，为人们的出行提供了许多方便，但同时也存在冬季的续驶里程不足和夏季的热安全等问题，因此汽车行业还需加强对新能源汽车的热管理。具体来说，新能源汽车热管理主要涉及冬季座舱制热、夏季座舱制冷、电池冷却加热、电机散热和功率电子部件散热等内容，汽车行业的相关工作人员需要针对新能源汽车的热管理问题制定相应的电池、电机热管理方案，并对各项方案进行分析，明确各项方案的优点和不足，同时相关工作人员对新能源汽车热管理系统方案的分析也有助于推动新能源汽车热管理技术的发展。

现阶段，我国正不断加大对新能源汽车技术的支持力度，并将新能源汽车作为整个汽车产业发展的重点。与传统的燃油汽车相比，新能源汽车以电为能源，需要利用电动驱动系统来驱动，利用电池和电机工作来产热，其热管理系统的复杂程度更高，且需要精准控制座舱温度、电池温度和动力总成温度。就目前来看，汽车行业亟须解决新能源汽车的续驶里程与乘坐舒适度之间的矛盾。

空调系统是汽车热管理系统的重要组成部分，为了提高舒适性，汽车需要借助空调系统来对座舱内的温度、湿度和风速进行调节，以便为车辆驾乘人员打造一个舒适的驾乘环境。大部分汽车空调利用蒸发吸热和冷凝放热的热物理原理来调控车厢内部温度。具体来说，空调系统既可以在感知到外部温度较低时对空气进行加热，并将经过加热的空气输送到汽车座舱当中，达到为驾乘人员供暖的效果；也可以在感知到外部温度较高时将低温空气输送到汽车座舱当中，降低汽车座舱内部的温度。由此可见，空调系统可以通过调控汽车座舱内部空气温度的方式来提高汽车的舒适度，从而为驾乘人员提供更加舒适的驾乘体验。

(1) 传统燃油汽车空调系统构成

传统燃油汽车空调系统主要包含压缩机、蒸发器、冷凝器和膨胀阀四个部件。

① 压缩机是一种装配在燃油车发动机上的动力装置，可以在发动机的驱动下以压缩的方式对气态冷媒进行增温和增压处理。

② 蒸发器是一种装配在汽车座舱当中的换热装置，可以利用蒸发吸热的原理来对液态冷媒进行汽化处理，进而达到快速降低汽车座舱内部的温度的效果。

③ 冷凝器是一种装配在车厢外部的换热装置，可以利用冷凝吸热的原理借助风扇来对高温高压的气态冷媒进行处理，将气态冷媒的热量释放到外界空气当中，从而降低气态冷媒的温度并将其转化为液态冷媒。

④ 膨胀阀是一种装配在蒸发器入口处的液体处理装置，能够以膨胀的方式对液态冷媒进行降温和减压处理，进而吸收车厢中的热量，达到降低车厢内部温度的效果。

(2) 传统燃油汽车空调系统工作原理

汽车空调系统可分为制冷系统、制热系统和通风系统三部分。在传统燃油汽车当中，制冷系统可以借助压缩、冷凝、膨胀和蒸发四种方式来降温，并通过反复循环这四个环节的方式来维持运行，进而达到持续不断地为汽车座舱制冷的目的。汽车空调原理图如图 2-1 所示。

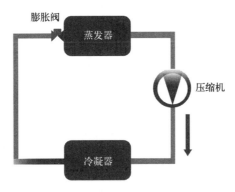

图 2-1 汽车空调原理图

传统燃油汽车的制热系统可以利用发动机的余热来加热汽车座舱。从过程上来看，风机可以将冷空气吹到暖风芯体当中，让冷空气通过暖风芯体经过来源于发动机冷却水套的高温冷却水，从而达到加热冷空气的效果，而经过加热的空气将进入车厢当中，发挥加热汽车座舱和车窗除霜的作用，随后，经过加热器的冷却水会重新流向发动机，并反复循环以上过程。

2.1.2 电动汽车空调制热系统及原理

与传统燃油汽车相比，新能源汽车在驱动空调压缩机时不使用发动机，而是利用电机来提供动力，由此可见，新能源汽车的空调系统需要借助电动压缩机来压缩冷媒。从工作原理上来看，新能源汽车也利用冷凝放热和蒸发吸热的原理来对汽车座舱中的温度进行调控，但使用的工具由压缩机变为电动压缩机。就目前来看，新能源汽车的空调系统主要利用涡轮结构来压缩冷媒。

从制热模式上来看，新能源汽车没有装配发动机，因此无法借助发动机的余热来提高车厢内的温度，而是使用以下几种制热模式来加热车厢，实现空调制热。

(1) 半导体制热系统

半导体制热系统中具备半导体制热器，该器件可以借助半导体元件和接线柱实现降温和加热两项功能，其中，热电偶是支撑其实现降温加热的基本元器件。半导体制热原理图如图 2-2 所示。

热电偶中包含两个互相连接的半导体器件，这两个半导体器件的接口处可以在接通直流电的情况下产热并形成温差，达到提高车舱内温度的效果。半导体制热系统具有加热速度快的优势，但同时也存在电量消耗大的不足之处，可直接影响车辆的续驶里程。

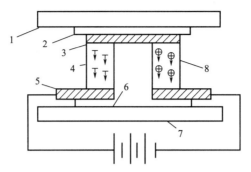

图 2-2 半导体制热原理图
1—电绝缘层；2—被冷却物体；3—金属片；4—N 型半导体；5—金属片；
6—被加热物体；7—电绝缘层；8—P 型半导体

由此可见，半导体加热目前还无法达到新能源汽车在空调的节能性方面的要求，相关研究人员还需进一步加大研究力度，力争早日开发出更加高效节能的半导体加热系统。

（2）PTC 风暖加热

PTC 风暖加热需要充分发挥 PTC 中的热敏电阻的作用，借助电热丝来将电能转化为热能。电动汽车风暖 PTC 加热方案如图 2-3 所示。

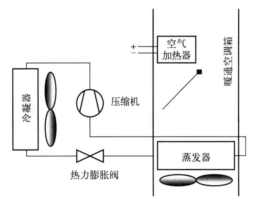

图 2-3 风暖 PTC 加热方案拓扑结构

从工作原理上来看，PTC 风暖加热系统可以利用风机来向 PTC 风暖加热器输送空气，借助 PTC 风暖加热器来对空气进行加热，并将经过加热的空气输送到车厢当中，达到提高车厢内部温度的效果。但这种加热方式需要直接消耗新能源汽车的电量，因此也存在能量消耗大的不足之处。

（3）PTC 水暖加热

PTC 水暖加热系统在发挥作用的过程中需要先利用 PTC 来对冷却液进行加热，再将加热到一定温度的冷却液泵入暖风芯体当中，借助热的冷却液与空气进行热交换，并利用风机将经过热交换的空气输送到车厢当中，进而提高汽车座舱的温度，然后不断循环该过程，达到持续为车舱供热的目的。电动汽车水暖 PTC 加热方案如图 2-4 所示。

与 PTC 风暖系统相比，PTC 水暖系统在制热时也需要消耗新能源汽车的电量，但其可靠性和安全性更高。

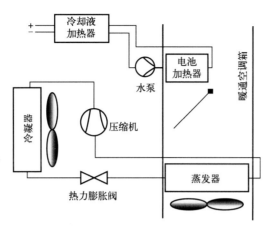

图 2-4　水暖 PTC 加热方案拓扑结构

（4）热泵空调系统

热泵空调系统中装配有四通换向阀，能够在系统内部对冷媒的流向进行调整，实现座舱制冷和座舱制热之间的转换。除此之外，热泵空调系统还能够在不消耗新能源汽车的电能的情况下发热，具有节能性强的特点。目前来看，热泵空调系统已经被广泛应用到多种车型当中。热泵空调制冷原理图如图 2-5 所示，热泵空调制热原理图如图 2-6 所示。

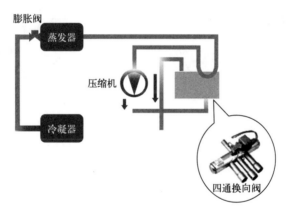

图 2-5　热泵空调制冷原理图

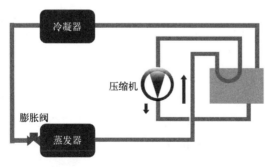

图 2-6　热泵空调制热原理图

2.1.3 电动汽车空调制冷系统及原理

新能源汽车的电控空调制冷系统与传统燃油汽车的空调系统差异不大，主要包括负责容纳各种内部器件的空调箱体、负责运载冷媒流通的空调管路、负责对制冷剂气体进行压缩的电动压缩机、负责将气态冷凝剂转化为液态冷凝剂的冷凝器、控制面板及其相关传感器等部件，如图 2-7 所示。

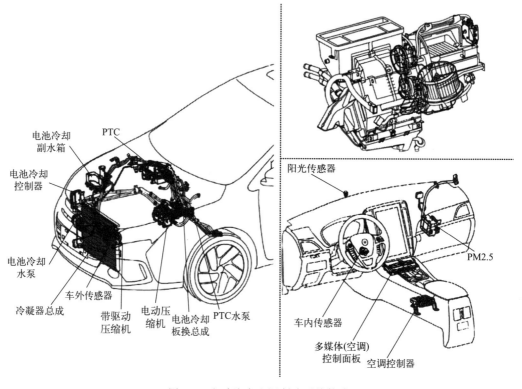

图 2-7 电动汽车空调制冷系统构成

相较于传统燃油汽车，新能源汽车空调系统的最大变化在于使用高压动力蓄电池提供的电能代替传统的发动机对压缩机进行驱动。电动涡旋压缩机是当前纯电动汽车和混合动力汽车中较为常用的一类压缩机，这是一种容积式压缩机，其内装有动、静涡盘，通过二者的公转从而形成内部容积的规律性、连续性变化，从而实现压缩气体的目的。电动压缩机如图 2-8 所示。

电动压缩机的主体部分包括控制单元电动机和压缩机两部分，能够在各种行驶状况下为车内空间和动力电池提供散热和冷却服务，这主要是因为电动制冷剂压缩机外部装有高压接口，能够使用高电压，以提供更大的功率，同时减少高功率下的线路损耗，因而能够适应各种行驶状况，为压缩机提供稳定可靠的驱动。

（1）空调制冷系统的工作原理

低温低压的气态的制冷剂被电动空调压缩机从蒸发器中抽出，对其进行压缩后转化

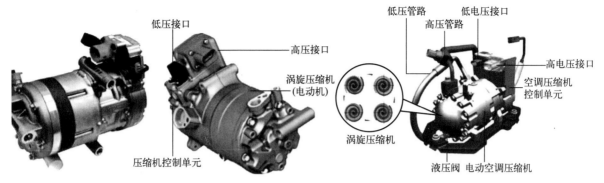

图 2-8 电动压缩机

为高温高压的气体并压入冷凝器,气态制冷剂(80~90℃,1.5MPa)在冷凝器中液化放热,由高温高压转为中温高压(1.0~1.2MPa),随后流经膨胀阀,温度下降,压力降低,转化为低温低压的湿蒸汽进入蒸发器,在蒸发器内,其大量吸热汽化,成为低温低压的气体(0℃,0.15MPa)并再一次被压缩机抽出压缩,通过不断地循环,实现对车辆的冷却。与此同时,蒸发器附近的空气由于湿蒸汽的蒸发吸热而被冷却,随后被鼓风机吹入车厢,为车厢降温。空调制冷系统的工作原理如图2-9所示。

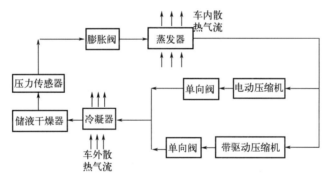

图 2-9 空调制冷系统的工作原理

(2)空调换热器的作用

在汽车空调中,直接决定汽车空调制冷性能好坏的是换热器,其主要由冷凝器和蒸发器两部分组成。

二者的作用是实现液态制冷剂的汽化吸热和气态制冷剂的液化放热,不断循环以满足热量调节需求。

• 蒸发器的管壁与翅片能够使低温低压液态制冷剂与周围空气的接触面积最大化,从而使其快速吸收周围空气中的热量,实现制冷剂自身的吸热汽化,同时让管外的空气降温减湿,放热冷却。

• 冷凝器则通过管壁和翅片实现高温高压的气态制冷剂与周围空气的最大面积接触,实现制冷剂自身的放热液化,同时让管外的空气升温增湿,吸热变暖。

由于换热器需要尽可能地增大与制冷剂的接触面积以使其实现更高效率的吸热和放热,对换热器进行设计时需要用到大量的金属材料并增大其内部空间,这也就造成换热器的质量和体积在整个汽车装置中占比较大，且布置起来较有难度，因而若换热器性能较差，除了会影响汽车空调制冷性能外，还会造成整车有效容积过小、车辆能耗过高等问题。

蒸发器、冷凝器换热状态的好坏对车辆系统的影响不容小觑，从制冷量、整车功耗、车内空间布置等角度考虑，应尽可能选择换热效率较高、性能较好的换热器。

2.1.4 电动汽车空调通风系统及原理

通风系统的主要作用是负责车内与车外的空气交换，始终保持车内空气干净清新。此外，其还具有除雾功能，能够保持车内空气的清晰度，保证驾驶的安全性。新能源汽车的通风系统包括自然通风、强制通风与综合通风三种工作方式。

（1）自然通风

自然通风利用汽车行驶过程中车内与车外空气流速差异所带来的风压差实现车内外的自然空气交换。由于车外空气流速快、空气压强大，车内空气流速慢、空气压强小，因而车外新鲜空气能够在没有外力干预的情况下向车内流动。在副驾驶前方等车身适合的地方开设进风口，让车外空气能够无阻地进入车内，同时在车身侧方设置排风口，排出车内污浊气体，从而让车辆保持密闭时也可通过自然通风完成车内空气的更新。

（2）强制通风

强制通风是在汽车车速发生变化、气压差减小、车内外难以通过自然通风实现气体交换的情况下，通过鼓风机将车外的新鲜空气强制送入车内，实现车辆的通风换气。

（3）综合通风

综合通风是指在进行换气时兼用自然通风与强制通风，以保证车辆在任何情况下都能顺利进行车内外的空气交换，同时节省车辆能耗。

为了提高通风系统的工作性能，带来更好的座舱体验，新能源汽车通风系统的功能设计要从以下几个方面考虑：

- 吹面：将风口安装在仪表盘附近，使风能够吹到面部。
- 吹脚：将风口安装在座舱下部，形成专门的吹脚出风口。
- 双向：仪表盘出风口、吹脚出风口均可送风。
- 除霜：通过前风窗送风，吸取车内空气热量或加热车内空气，带走车内空气的水分。
- 混合：通过吹脚和前风窗出风口同时送风，提升车内的体感舒适度。

2.2 新能源汽车热泵空调系统技术分析

2.2.1 热泵空调系统的工作特点

车用空调系统对车辆的舒适性、安全性和能源消耗情况有一定程度的影响，电动汽车的空调系统还需要负责协调车辆的舒适度和续驶里程，确保车辆的实用性。对电动汽车来说，续驶里程是影响用户评价的重要因素，为了提高车辆的续驶能力，汽车行业需要加大对车用空调系统的研究力度，进一步提升空调工作效能，降低空调系统的能耗。一般来说，当车辆处于极寒环境中时，乘员舱的加热需求较大，对加热功率的要求较高，传统燃油汽车可以利用发动机余热来提升乘员舱温度，而电动汽车则需借助空调系统来为乘员舱供热。

热泵空调系统可以看作升级版的传统车用空调系统，具有热量转移功能，能够将低温区域的热量转移到高温区域当中，且能效比（coefficient of performance，COP）较高，能够降低能耗，为电动汽车节省电能。

热泵空调系统能够有效提高能量利用率，利用少量能耗获取较大的制热量，具有远超传统车用空调系统的 COP。

（1）热泵空调系统工作原理

从工作原理上来看，空调系统在进行制冷或制热时都需要进行相变循环。热泵空调系统理论压焓图如图 2-10 所示。空调系统制冷循环的工作介质主要有气相、气液两相和液相三种状态，这些介质会在循环过程中不断改变状态，通过状态的变化来吸热或放热，进而达到传递热量的目的。

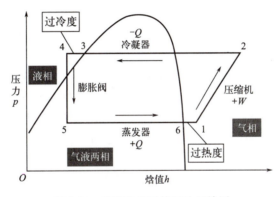

图 2-10　热泵空调系统理论压焓图

从循环过程上来看，当热泵系统处于工作状态时，压缩机会对气相的空调冷媒工质进行压缩；冷凝器会将高温高压的气相空调冷媒工质转化为液相空调冷媒工质，并将其蕴藏的热量转移到乘员舱当中；膨胀阀可以将高压液相的空调冷媒工质转化成低压气液两相的空调冷媒工质；最后，蒸发器会将空调冷媒工质由气液两相转化为气相，由压缩机对低压气相的空调冷媒工质进行升压处理。

（2）热泵空调系统 COP 影响因素

车辆乘员舱的热量转移主要涉及蒸发器吸热和压缩机做功两项内容。一般来说，空调系统大多具有较强的密闭性，空调冷媒工质的流量不会发生变化，空调冷媒工质的热量变化情况与其单位质量焓值的变化相关联。热泵空调系统的 COP 计算示意图如图 2-11 所示，COP 指的是空调的制冷量/制热量与运行功率之间的比值。从理论上来说，热泵系统的 COP 应保持在 1 以上；从实际情况来看，空调管路与外界存在热量转移的情况，导致热泵循环过程中会出现能量损失，热泵系统的 COP 难以始终维持在 1 以上。

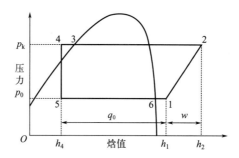

图 2-11 热泵空调系统 COP 计算示意图

与状态 1 相对应的温度为空调系统的蒸发温度，这一数值会受到外界环境温度的影响；与状态 4 相对应的温度为空调系统的冷凝温度，这一数值通常与乘员舱内温度相关联。

$$COP = (h_2 - h_4)/w = (h_2 - h_4)/(h_2 - h_1) \tag{2-1}$$

在式（2-1）中，h_1 表示的是与压缩机进口状态 1 相对应的焓值，h_2 表示的是空调冷媒处于状态 2 时所对应的焓值，h_4 表示的是空调冷媒处于状态 4 时所对应的焓值。

根据式（2-1）可知，热泵空调系统的 COP 会受到冷凝温度和蒸发温度等因素的影响。一般来说，冷凝温度与乘员舱内温度之间存在正相关的关系，而换热时的焓变值和 COP 与其存在负相关的关系。也就是说，当乘员舱内温度上升时，冷凝温度也会随之升高，而换热时的焓变值和 COP 均会有所降低。

热泵循环的蒸发温度会受到外界环境温度的影响。当外界环境温度升高时，热泵循环的蒸发温度会随之上升，同时 COP 的值也会随之增大；乘员舱温度会间接影响 COP，当乘员舱的温度升高时，乘员舱内部的热交换将会受到限制，导致 COP 值下降。热泵空调系统 COP 影响因子示意图如图 2-12 所示。

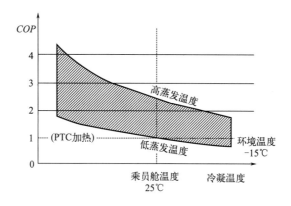

图 2-12 热泵空调系统 COP 影响因子示意图

对处于极寒环境中的车辆来说，外界环境温度和蒸发温度过低，导致外界热交换难度大幅上升，热泵空调系统的 COP 明显降低，进而影响车辆能耗。此时，电动汽车需要充分发挥高压正温度系数（positive temperature coefficient，PTC）电阻的作用进行辅助加热，通过提升蒸发温度的方式来提高热泵空调系统的 COP。

(3) 热泵空调系统应用案例

电动汽车车用空调系统的能耗能够直接影响其在寒冷环境中的续驶能力。为了提升车辆续驶里程，电动汽车行业的相关研究人员需要加大对空调系统的研究力度，将热泵空调系统应用到电动汽车当中，减少整车能耗。

宝马、奔驰、大众等海外汽车厂家已经掌握了热泵系统相关技术，并将其应用到自身的电动汽车产品当中。具体来说，热泵空调系统国外应用案例如图 2-13 所示。

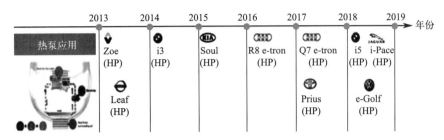

图 2-13　热泵空调系统国外应用案例

我国汽车厂家正在不断加强对热泵系统的研究，就目前来看，热泵系统已经被应用到长安 CS75 PHEV、上汽荣威 Ei5、一汽奔腾 B30EV、荣威 Marvel X 等多种车型当中。其中，长安 CS75 PHEV 是我国首个装配热泵空调系统的插电式混合动力汽车（plug-in hybrid electric vehicle，PHEV）。

2.2.2　热泵空调系统的节能效果

(1) 热泵模式

近年来，世界各国的相关企业、技术中心和实验室等组织机构正在不断加大对热泵系统能耗问题的研究力度，力图通过对热泵系统的研究和应用来降低电动汽车在温控方面的能耗。

以 Kia Soul BEV 车型的热泵系统能量消耗研究为例，该研究主要由翰昂系统集团、现代汽车美国技术中心和美国可再生能源实验室负责。在研究过程中，相关研究人员分析和对比了两种加热方式，其中，一种为高压 PTC 加热，另一种为热泵系统加热。热泵空调系统对整车续驶里程的影响如图 2-14 所示。

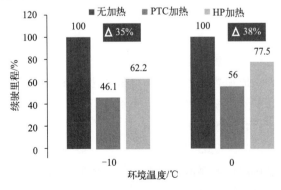

图 2-14　热泵空调系统对整车续驶里程的影响

根据图 2-14 可知，当电动汽车所使用的加热方式为高压 PTC 加热时，车辆的平均续驶里程会降低大约 50%；当电动汽车所采用的加热方式为热泵系统加热时，车辆的平均续驶里程远超使用高压 PTC 加热的续驶里程。

热泵空调系统对采暖通风和空调（HVAC）能耗的影响如图 2-15 所示。当电动汽车处于中低温环境中时，热泵空调系统会采用较高压 PTC 加热的方式来调控乘员舱的温度，能够降低大约 45% 的能耗；当电动汽车处于低温环境中时，热泵空调系统的能耗相对较高。

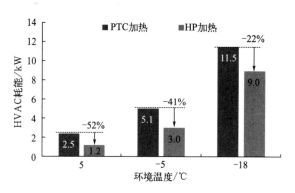

图 2-15　热泵空调系统对 HVAC 能耗的影响

由此可见，与传统的车用空调系统相比，热泵空调系统可以通过高压 PTC 加热来减少在温控方面的能耗，增加车辆的续驶里程。

（2）除湿模式

热泵空调系统具备除湿模式，能够通过热量转移的方式调控乘员舱内的空气温度，降低车辆的能耗。与传统的空调系统相比，热泵空调系统的能耗较低，具有较为明显的节能优势。

为了推动电动汽车实现有效节能，全球各国的相关研究人员纷纷将热泵空调系统的除湿模式作为电动汽车领域的研究重点之一。例如，奥地利的虚拟汽车研究中心已经展开了对热泵空调系统除湿模式应用的研究。

从除湿循环的作用过程上来看，热泵空调系统除湿模式工作路径图如图 2-16 所示，当电动汽车处于工况 1 情况下时，热泵空调系统将会降低乘员舱中空气的温度，此时，电动汽车将由工况 1 转向工况 2，空气中的饱和水蒸气将被析出，系统会进一步提高乘员舱空气温度，直至达到工况 3。

与传统的空调系统相比，热泵空调采用了完全不同的加热方式，可以先在冷却过程中获得一定的热量，再完成加热任务，从而降低加热环节的能耗，达到节能的目的。

当热泵空调系统处于除湿模式时，需要先对乘员舱中的湿空气进行降焓处理，降低空气的潜热焓和显热焓，将工况①调整至工况②；再对乘员舱中的湿空气进行增焓处理，增加空气的显热焓，将工况②调整至工况③。一般来说，热泵系统在除湿时需要消耗一定的能量，增加显热焓也需要消耗电能，但气体的状态变化无法表现出显热焓的变化情况。

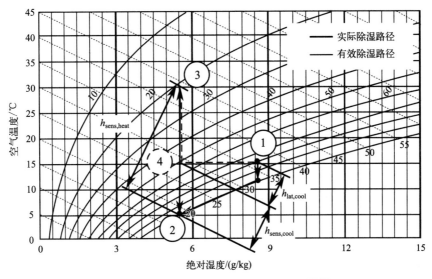

图 2-16 热泵空调系统除湿模式工作路径图

当电动汽车处于工况①时，乘员舱中的空气的温度为15℃，湿度为80%，工况①的曲线能够体现出最终空气状态变化的实际有效焓变；当乘员舱中的湿空气出现焓降时，潜热焓将被释放出来，空气的温度不变，但湿度会降低到50%，达到工况④；当热泵空调系统继续对乘员舱中的空气进行加热时，空气的温度将上升到30℃，同时湿度降至20%，通过焓增来达到工况④，进而实现除湿的目的。

当热泵空调系统处于除湿模式时，可以借助式（2-2）计算出传统空调系统在除湿时的 COP，借助式（2-3）计算出热泵空调系统在除湿时的 COP，并在此基础上进一步计算出除湿过程有效焓值变化和实际能量消耗之间的比值，进而实现对热泵空调系统除湿模式的能量消耗与传统空调系统除湿模式的能量消耗的对比。

$$COP_{AC+PTC} = \frac{|\dot{Q}_{sens,heat} - \dot{Q}_{sens,cool}| + \dot{Q}_{lat,cool}}{P_{Compressor} + P_{el,heat}} \quad (2\text{-}2)$$

$$COP_{HP} = \frac{|\dot{Q}_{sens,heat} - \dot{Q}_{sens,cool}| + \dot{Q}_{lat,cool}}{P_{Compressor}} \quad (2\text{-}3)$$

在式（2-2）中，计算结果为传统空调在除湿模式下的 COP，有效功即有效初始路径下的热焓变化，消耗功则为压缩机实际消耗功、高压 PTC 和热消耗功三者的总和。在式（2-3）中，计算结果为热泵空调系统在除湿模式下的 COP，其消耗功即压缩机实际消耗功。$\dot{Q}_{sens,heat}$ 表示的是单位质量气流从工况②变为工况③时的能量消耗量；$\dot{Q}_{sens,cool}$ 表示的是单位质量气流从工况①变为工况②时的制冷消耗量；$\dot{Q}_{lat,cool}$ 表示的是单位质量气流从工况①变为工况④的制冷消耗量；$P_{Compressor}$ 表示的是压缩机的消耗功率；$P_{el,heat}$ 表示的是 PTC 的加热消耗功率。

空调的出风温度能够影响其 COP。当热泵空调系统处于除湿模式时，若出风温度较低，那么热泵空调就可以将空气冷却时所吸收的热量用于加热，并满足加热需求；若出风温度较高，那么热泵空调则需借助额外热源来进行再加热。具体来说，热泵空调系统除湿模式 COP 对比如图 2-17 所示。

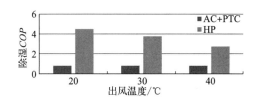

图 2-17 热泵空调系统除湿模式 COP 对比

(3) 余热回收模式

热泵空调系统具有热量转移功能,能够根据实际需求对各个部件的热量进行转移。当车辆处于低温环境中时,乘员舱的制热需求较大,而电动汽车驱动系统和电池会产生许多热量,亟须散热,热泵空调系统可以将驱动系统和电池回路中的余热转移到乘员舱当中,同时满足提高乘员舱温度和为驱动系统及电池散热两项需求,通过对能量的充分利用来降低电动汽车能耗。

奥迪曾在温度为 5℃ 的环境中对 Audi Q7 e-tron PHEV 车型在使用不同的空调系统时的余热回收情况进行测试。传统空调系统加热能量流和热泵空调系统加热能量流分别如图 2-18、图 2-19 所示。

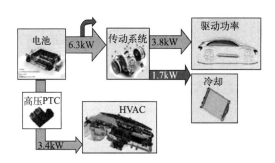

图 2-18 传统空调系统加热能量流

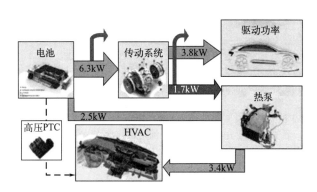

图 2-19 热泵空调系统加热能量流

装配传统空调系统的电动汽车需要使用高压 PTC 来满足乘员舱制热需求,装配热泵空调系统的电动汽车可以回收驱动系统的余热,并将这部分热量用于提升乘员舱温度,从而达到减少整车能耗的效果。

(4) 年均节能分析

奥地利虚拟汽车研究中心已经展开了对热泵空调系统的研究，电动汽车领域的相关研究人员可以根据其研究结果对不同模式下的热泵空调系统进行建模，以便利用这些模型来了解热泵空调系统在制冷、热泵和除湿模式下的能耗情况，并通过与传统空调系统能耗的对比来把握热泵空调系统的年均节能效果。

以奥地利的格拉茨、希腊的雅典和芬兰的赫尔辛基为例，电动汽车行业的相关研究人员广泛采集这三个城市在一年内的车辆驾驶数据和气象信息，如单位时间的环境温度、相对湿度、日照强度等，并在此基础上利用仿真模型计算空调系统在这一年内的总能耗。热泵空调系统年均电量消耗对比如图 2-20 所示。

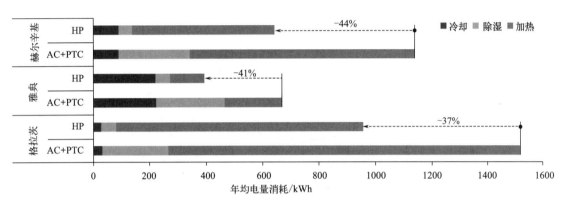

图 2-20 热泵空调系统年均电量消耗对比

从研究结果上来看，与传统空调系统相比，热泵空调系统能够降低大约 40% 的整车能耗，在除湿模式下，热泵空调系统的降耗效果更加显著，能够降低超过 70% 的能耗，对以上三个城市来说，使用热泵空调系统每年可减少 270～560kW·h 的电量消耗。

2.2.3 热泵空调系统的成本分析

(1) 成本增加

热泵空调系统的结构与传统空调系统之间存在差异，所使用的部件更多，成本也更高。热泵空调系统成本分解如表 2-1 所示。与传统空调系统相比，热泵空调系统的成本大约高出 1000 元。

表 2-1 热泵空调系统成本分解

零部件	价格/元	新零部件（NPI）(加点)
电动压缩机	1600	
四通换向阀	150	●
换热器	300	●
电子膨胀阀	450	●
电磁阀	100	●

续表

零部件	价格/元	新零部件（NPI）(加点)
气液分离器	150	
管路总成	300	
控制器	250	
合计	3300	NPI 成本增加 1000 元

（2）成本回收周期估算

一般来说，当传统空调系统的消耗功率和驱动能量、热泵空调系统的节能效果、充电桩的充电效率、车辆驾驶时间、电价等均为已知信息时，电动汽车行业的相关研究人员可以据此判断车辆的驱动能耗是否符合标准《电动汽车能量消耗率限值》（GB/T 36980—2018），若电动汽车的驱动能耗符合该标准，则可进一步估算出电动汽车应用热泵空调系统的成本回收周期。热泵空调系统成本回收周期估算如图 2-21 所示。

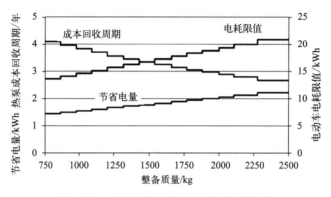

图 2-21 热泵空调系统成本回收周期估算

由图 2-21 可知，当电动汽车的整备质量升高时，热泵空调系统的成本回收周期会随之缩短。一般来说，电动汽车热泵空调系统的平均成本回收周期大约为 3 年。

2.3 新能源汽车热泵空调控制系统设计

2.3.1 热泵空调系统的温控原理

近年来，汽车制造技术水平越来越高，汽车中所装配的空调系统也不断推陈出新，但大多数空调系统并不能在节能的同时实现高效制冷或高效制热。在众多空调系统中，热泵空调系统在制热方面具有较强的优势。

与传统燃油汽车的空调系统相比，新能源汽车的空调系统并未改变工作原理，但空调压缩机的驱动方式和暖风产生方式都发生了一定的变化。具体来说，新能源汽车空调系统中的电动空调压缩机所使用的驱动力为高压电流，蒸发器可以向电动空调压缩机传输低压低温蒸汽，而电动空调压缩机可以对这些蒸汽进行加压处理，使其进入冷凝器当中，让冷凝器开始环绕系统循环。

就目前来看，国外已经将热泵技术应用到电动汽车量产车型当中，如宝马、日产等，且正在继续推动热泵技术向产业化发展；我国也在不断加大对电动汽车热泵空调系统的研发力度，但现阶段仍处于发展初期。

从原理上来看，热泵空调只能通过转移热量的方式来调控温度。

当车辆内部需要制冷时，热泵空调系统会借助电动压缩机将高温低压的冷媒压缩成高温高压的液体，并将这些液体传送到车外换热器当中，借助车内外的温差来降低液体温度，再利用膨胀阀将低温高压的液体膨胀成低温低压的液珠，并控制这些液珠进入车内转换器当中，降低车内气温，随后，冷媒将变成高温高压气体再次进入电动压缩机，并循环这一过程，进而实现车内制冷。

当车辆内部需要制热时，热泵空调系统会借助电动压缩机将高温低压的冷媒压缩成高温高压的液体，并将这些液体传送到车内换热器当中，借助车内外的温差来降低液体温度，再利用电子膨胀阀将低温高压的液体膨胀成低温低压的液珠，并控制这些液珠进入车外换热器当中，随后，液珠吸热升温变成高温低压的气体再次进入电动压缩机，并循环这一过程，进而实现车内制热。

从本质上来看，热泵空调系统可以综合运用各个阀来控制冷媒流向，灵活切换冷凝器和蒸发器的角色，并充分利用电动压缩机来对冷媒进行处理，进而实现车内制冷或车内制热的功能。

2.3.2 部分传感器及执行器选型

(1) 电磁阀 SOV

电磁阀（solenoid operated valve，SOV）是一种通过控制阀的开闭来实现对介质流通情况有效控制的执行器件。从作用原理上来看，当电流经过线圈时，电磁力将作用于内部铁芯，使其上下移动，实现对阀的控制。若阀为打开状态，那么介质可流通；若阀为关闭状态，则介质无法流通。电磁阀如图2-22所示。

某热泵控制系统所用电磁阀的内部电路如图2-23所示，该电磁阀的工作电压为DC 9~16V，额定电压为12V，额定工作电流0.8A，额定功率10W，介质可单向流动，通常以R134a制冷剂为冷媒，最大工作压力可达3.6MPa，负载类型为感性负载，两个引脚一个接地、一个输出高低电平，二者不分正负。

(2) 电子膨胀阀 EXV

电子膨胀阀（electronic expansion valve，EXV）在新能源汽车热管理方面发挥着十分重要的作用，并逐渐取代热力膨胀阀成为电动汽车空调系统的一部分。与热力膨胀阀相比，电子膨胀阀对温度的控制更加精准，同时还具有节能作用。电子膨胀阀如图2-24所示。

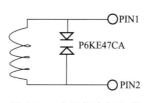

图 2-22　电磁阀　　　　图 2-23　电磁阀内部电路　　　图 2-24　电子膨胀阀

以局部连接网络（local interconnect network，LIN）控制的电子膨胀阀为例，该膨胀阀的工作电压为 9～16V，额定电压为 12V，额定电流不超过 0.35A，驱动频率为 30～120Hz，通常将 R134a、R410a 等制冷剂作为冷媒，介质可双向流动。除此之外，该膨胀阀还可以根据脉冲数来对开度进行调控，一般来说，若脉冲数为 0，那么膨胀阀将会完全关闭，若脉冲数达到 480，那么膨胀阀将会完全打开。该电子膨胀阀的 LIN 通信协议如图 2-25 所示。

TMM_EXV_PositionRequest	EXV Position Request EXV 设置开度请求	
TMM_EXV_EnableRequest	EXV Enable Request EXV 使能请求	0x00:EXV OFF 0x01:EXV ON
TMM_EXV_InitRequest	EXV Init Request EXV 初始化请求	0x00:NO_RQ 0x01: START_INIT_SQC 0x02:预留
EXV_ResponseError	Response Error 响应错误	0x0: No Comm Error 正常 0x1:Comm Error Active 执行错误
EXV_CurrentInitState	Current Init State 当前初始化状态	0x0:NO_INIT 未初始化 0x1: INIT_IN_PROCESS 初始化中 0x2:Initialized 已初始化
EXV_RunState	Run State 当前运行状态	0x0:NO_MOVEMENT 未动作 0x1:ACT MOVING 动作中
EXV_FaultState	Fault State 故障状态	0x0: No Fault 正常 0x1:COIL_SHORT 线圈短路 0x2:COIL_OPEN 线圈开路 0x3: OVR_TMP_SHUTDOWN 超温关机 0x4: Stall Error 堵转
EXV_VoltageState	Voltage State 电压状态	0x0:Voltage Range OK 电压正常 0x1: Over Voltage 过压 0x2: Under Voltage 低压
EXV_TemperatureWarn	Temperature Warn 温度警报	0x0:OK 温度正常 0x1: WARNING 温度警报
EXV_CurrentPosition	EXV 膨胀阀开度：当前位置	

图 2-25　电子膨胀阀的 LIN 协议控制

（3）PT 传感器

压力温度传感器，即 PT 传感器，能够在同一点同时对冷媒压力和温度进行测量，减少线束和阀座的使用量,及时对压缩机进行保护,同时也可以助力空调系统高效率工作。PT 传感器如图 2-26 所示。

某 PT 传感器内部电路如图 2-27 所示,以该 PT 传感器为例,其工作压力为 0~4.6MPaG,工作温度为 -30~130℃,温度精度为 0.8~1.8℃,压力精度为 2% Vcc,通常将 R134a、R410a、R1234yf 等冷凝器作为冷媒。

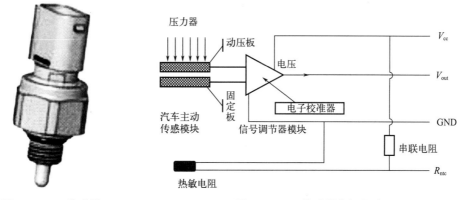

图 2-26　PT 传感器　　　　图 2-27　PT 传感器内部电路

温度是影响热敏电阻阻值的重要因素,PT 传感器可以利用电路中串联的外界电阻得出负温度系数(negative temperature coefficient,NTC)热敏电阻的阻值。

2.3.3　热泵空调的硬件电路设计

(1) 主控芯片

就目前来看,市面上的单片机种类十分丰富,且已经有多种单片机都能够满足汽车要求。

飞思卡尔单片机不仅能够满足汽车要求,还具备指令集精简、运行速度快、芯片实时性强、I/O(input/output,输入/输出)口带负载能力强、可靠性强等诸多优势,其配置的 MC9S12G128 也具有成本低、功耗低、功能集成度高、PIN 脚数量少、PIN 脚复用度高等优势。

除此之外,Flash memory 128kbytes、三路 SCI、SPI、八路 PWM 和十二路 10bitADC 等单片机既配有看门狗定时器和二极管保护电路,也可以有效规避电压波动、软硬件意外故障和电磁兼容性(electro magnetic compatibility,EMC)等问题,防止出现死机的情况,能够充分满足产品要求。

(2) 步进电机驱动电路

热泵空调温控系统的控制风门中装配有四相步进电机和 ST 公司的 L9826 芯片,具体来说,L9826 芯片是一种八路低侧驱动芯片,具备片选引脚和复位引脚,可以借助串行外设接口(serial peripheral interface,SPI)来控制输出。不仅如此,该芯片还具备一定的保护措施,能够防止出现过压、欠压、过热、负载短路等问题,且输出电流能力较强,输出电流可以达到 450mA,能够充分满足步进电机在驱动能力方面的要求。

从构成上来看，热泵空调温控系统中的风门主要包括模式风门、混合风门和内外循环风门三种，且各类风门均配有步进电机，即热泵空调温控系统的风门中共有三个步进电机，控制器中配有两个 L9826 芯片。

(3) SOV 阀驱动电路

TL9104SH 是德国英飞凌公司推出的一款智能型四通道低侧开关，当该开关装配在 12V 系统中时，直流电流将达到 5A，能够驱动高能量阀、大电流继电器、高精度端口燃油喷射机等多种负载设备。

与其他同类产品相比，TLE9104SH 具有驱动电流大、带负载能力强、封装面积小等诸多优势，能够在汽车和工业应用中发挥重要作用。从功能方面来看，TLE9104SH 中装配有一个 16 位串行外围设备接口（serial peripheral interface，SPI），能够实现控制和诊断功能，防止各个通道出现过流、过温等安全问题，并充分发挥有源钳位电路的作用，进一步提升带负载能力，以便驱动感性负载；同时也可以利用 SPI 来检测负载状态，如对地短路、开路负载、电池短路等，并借助 4 个输入引脚来对开关进行直接控制，进一步实现额外输出使能引脚、SPI 通信看门狗和 SPI 输出状态信息等各项安全功能，加强安全保障。

(4) CAN 总线驱动

该控制器使用恩智浦半导体公司推出的 TJA1042 芯片来进行 CAN 通信。具体来说，TJA1042 芯片具有较高的成熟度，且在汽车领域的应用十分广泛，能够支持车辆实现高速 CAN 通信，同时还具有高达 1Mb/s 的传输速率，以及较为强大的抗静电能力。

使用 TJA1042 芯片的控制器的 CAN 总线驱动电路，既能对 CAN 类型的压缩机进行有效控制，也能够与整车进行通信，并在上电自检、故障反馈等环节中发挥作用。

(5) EXV 通信 LIN 总线驱动

电子膨胀阀大多使用 LIN 通信控制，因此控制器中需要配备相应的 LIN 通信电路。在该电路中，二极管和电容主要发挥滤波去噪的作用，TJA1021 芯片能够借助静电释放（electro-static discharge，ESD）保护电路来防静电，且该芯片与 TJA1020 之间具有较强的兼容性，波特率为 1~20kBd，能够充分满足系统要求。除此之外，TJA1021 芯片还可以在 LIN 主/从协议控制器和 LIN 物理总线之间进行连接，并为汽车 LIN 通信提供支持。

(6) 鼓风机驱动电路

新能源热泵空调系统需要继续使用鼓风机和传统空调中对鼓风机的控制电路。从工作原理上来看，新能源热泵空调系统可以借助脉冲宽度调制（pulse width modulation，PWM）信号来调节鼓风机的风速和端电压，进而实现鼓风机调速功能。

(7) PT 传感器采集电路

PT 传感器采集电路是一种典型的模数转换器（analog-to-digital converter，ADC）采样电压电路，该电路集成了 6 个 PT 传感器，可以借助电阻电容（resistor capacitance，RC）来增强自身的抗干扰能力，实时采集冷媒的温度和压力等数据信息，并实现对热泵空调工作状态的监控。PT 传感器具有采样精度高的特点，其 AD 采样位数为 10bits，能够充分满足用户需求。

2.3.4 热泵空调的系统软件设计

（1）程序编译平台

新能源汽车热泵空调控制系统需要在 CodeWarrior IDE 平台处理各项编程工作，并利用该平台中的软件来自动生成底层驱动代码，以便通过调用函数的方式来实现各项功能，无须再使用寄存器。具体来说，ADC 驱动、PWM 驱动、CAN 总线和 LIN 总线、SPI、SCI（serial commucation interface，串行通信接口）均可借助 PE（preinstallation environment，一种操作系统）生成工具来生成经过配置的寄存器的封装参数，降低在开发环节所花费的时间成本，实现高效率研发。

（2）系统软件设计

新能源热泵空调控制系统中的各项软件在编程时均使用了 C 语言，具有可读性强、后期维护难度低等优势。系统软件中包含初始化、风量控制、风门控制、传感器检测采集和自动控制计算等多种程序。主程序任务调度如图 2-28 所示。

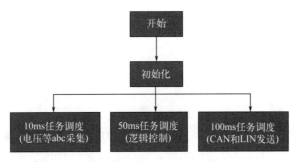

图 2-28　主程序任务调度

从作用流程上来看，当系统开始运行时，需要先对单片机 IO 端口、AD 模块、SPI、定时器、CAN、LIN 等各个模块进行初始化设置，再通过时间片调度的方式来调度任务，对各项任务进行优先级排序，先执行优先级高的任务，然后以 10ms 的时间为一个单位动态采集电池电压和发动机状态数据，并接收来源于 LIN 总线和 CAN 总线的各项相关信息，以 50ms 的时间为一个单位来进行控制逻辑判断、驱动执行器、鼓风机、冷凝风扇、压缩机等各项设备执行相关操作，以 100ms 为一个时间单位来向整车或其他控制器传输来源于 LIN 总线或 CAN 总线的状态信息。

在系统初始化的过程中，主程序还需要充分发挥看门狗清零程序的作用，在单片机未完成初始化设置的情况下借助看门狗来发出复位信息，并对单片机进行复位处理。

（3）硬件 PCB

对于硬件电路板（printcd cicuils board，PCB），新能源汽车行业的相关设计人员需要利用 ORCAD 中的 Cadence 来设计原理图，利用 ORCAD 中的 LLEGRO 来对实际布局布线情况进行合理规划，防止出现信号串扰问题，与此同时，还应借助四层板设计来减少电磁辐射，抵挡外部的电磁干扰。当电流较大时，布线应以宽线为主，电源处使用铺铜连接。

(4) 上位机软件控制及监控

Matlab 中的 Simulink 是一种可视化仿真工具，具有动态系统建模、仿真和分析等功能，在各类建模和仿真过程中发挥着十分重要的作用，如线性系统、非线性系统、数字控制、数字信号处理等。在新能源汽车热泵空调控制系统的软件设计方面，Simulink 可以针对上位机构建仿真模型，模拟上位机对控制器的操作。

在控制器当中，微控制单元（microcontroller unit，MCU）是飞思卡尔 16 位单片机，各项硬件均已通过第三方 EMC 测试机构的测试，软件采用了时间片调度的方式，能够有效提高代码的易读性，降低维护难度，同时也能够防止各项任务之间出现冲突，确保任务的实时性，并降低负载率。

就目前来看，这种控制机能够适应多种工况，具有较强的可靠性，已经被广泛应用到多种车型中。

2.4 汽车空调热管理控制系统的标定

2.4.1 汽车空调热管理的标定地点

随着国内新能源汽车应用场景的不断丰富，除了基本的行驶功能外，车辆驾乘的舒适性与安全性也成为用户重点关注的内容，而汽车空调热管理是其中的重要一环。汽车空调热管理是从整车热量出发，精准控制空调运行的各项参数，在保持能耗正常、驾驶舒适的情况下，保证整车零部件处于最佳运行温度范围内。汽车空调热管理标定是汽车空调热管理的核心，其主要指在汽车开发过程中对汽车空调热管理系统进行试验性验证与适应性修改，从而使得空调热管理系统在任何情况下都能保证其性能。

保证汽车驾乘环境舒适性和使整车零件处于正常运行温度范围内以确保其安全性是必须进行汽车空调热管理标定的根本原因。对于座舱而言，通过标定能够保证车内空调满足高温天气或炎热环境的制冷需求以及低温天气或寒冷环境的制热需求，以便随时随地保证驾驶的舒适性。对于传统车辆的发动机和新能源汽车的三电系统而言，汽车空调热管理分别解决了高温条件下因设备过热所引发的故障问题以及低温条件下能源的高损耗问题。

随着新能源汽车的不断推广，确保电池、电机、电控系统始终处于合适的温度范围内成为汽车热管理的难点，而合理的温度控制是新能源保证汽车安全性与稳定性的重要前提。因而，若想保证车辆能够在多种环境下正常发挥其性能、实现安全行驶，就需要做好汽车空调热管理的标定工作。

由于汽车空调热管理标定内容的不同，进行标定的地点也较为多样，一般包括以下几类：

(1) 室内环境模拟实验室

此类标定主要完成对汽车空调热管理系统的初步标定以及对汽车基础性能的验证。依托于实验室强大的设备支撑，标定工程师能够通过控制环境的温度、湿度、风速等数值对不同的应用环境进行模拟，获得空调热管理系统的表现数据，并对相关性能进行标定。

(2) 室外试验场

此类标定主要完成实车道路环境下对空调热管理系统的标定。室外试验场为标定工作提供了真实的行驶环境，能够通过控制道路情况与天气状况两个变量，获取空调热管理系统在真实环境中的性能数据，并根据数据对空调热管理系统进行调整优化。

(3) 极寒/极热地区

此类标定主要完成极端气候条件下对空调系统的测试。进行此类标定时，季节不同，所选择的地点也不同。冬季一般选择纬度较高的东北地区，如黑河、漠河等地；夏季则选择光照强烈、温度较高的地区，如海南省、重庆市等地。这些地区在不同季节所呈现出的严寒、干热、湿热、强光照特点与车辆所能遇到的最恶劣环境接近，通过在极寒/极热地区对车辆进行测试，能够确定车辆空调热管理系统的极限性能阈值，并不断对其进行优化提升，确保空调热管理系统在各类极端条件下的正常运行。

2.4.2 汽车空调热管理的标定内容

汽车空调热管理标定工作较为复杂，涉及多个不同的方面。首先，标定工程师需要确保空调系统性能参数的准确性和合理性，通过调节制冷量、制热量、送风温度等数值保证其与设计要求相匹配。其次，标定工程师还需确保空调系统在不同的道路环境下能够保持其性能稳定发挥，通过在城市道路、高速公路、郊区等进行道路标定，不断对系统进行优化，使之能够具有更好的环境适应性。最后，为了测试空调系统在极端气候环境下的抗压能力，还需对环境舱标定，通过对恶劣环境进行模拟来获取其极限性能数据。

新能源汽车空调热管理标定的具体内容如下：

(1) 空调系统标定

① 零部件控制标定。根据车辆设计规范，以环境温度和车辆负荷为变量，精准地对空调系统的传感器和执行器进行标定，具体包括调节内外环境温度、调整压缩机数值、调节正温度系数热敏材料（polymeric positive temperature，PPT）参数等内容，使得零部件在各种环境下都能够实现控制的精确和稳定。

② 舒适性温度与送风量标定。根据人体最舒适体感温度标定空调系统的送风温度与送风量，以便为驾驶员和车内乘客提供最为舒适的驾驶与乘坐环境，如冬季增加座舱下部的风量，提高送风温度；夏季增加座舱上部的送风量，降低送风温度。同时，需要根据具体情况对温度进行实时控制。

③ 除霜与除雾功能标定。利用温湿度传感器采集环境信息，并与自动算法相配合实现对除霜与除雾功能的标定，确保空调系统能够在阴雨、大雾等天气正常工作，并在

检测到外界环境湿度温度变化后自动防止起雾或自动除雾，保证车辆阴雨天环境下的安全驾驶。

（2）热管理系统集成标定

① 电热管理标定。对电池冷却和加热系统进行标定，保证电池温度场的均匀分布，避免温度变化对电池性能和使用寿命产生不良影响，确保电池在各种温度条件下始终处于最佳工作状态，提升其稳定性与安全性。

② 三电系统热管理标定。对电池、电机和电控系统进行标定，防止其运行期间温度过高引起故障，使其能够在各类环境下高效、持续地运行。

③ 乘员舱热管理联合标定。从整车热量分布与能耗角度出发，综合考虑乘员舱的舒适性需求、三电系统的安全稳定性需求，合理进行系统能力配置，确保既能够同时满足上述需求，又能够及时进行调整处理，避免对车辆运行造成影响。

（3）控制策略优化

① 根据车辆的实际运行状态与乘客的舒适性、便捷性需要，优化空调系统的控制策略，让系统能够在更短的时间内根据控制信号更快地作出反应，实现对温度、湿度、风量的调节。

② 统筹电池、电机和乘员舱的热管理需求，确保车辆整体热管理性能始终保持最佳状态，优化能量分布，实现对车辆能量的最优利用。

2.4.3 汽车空调热管理的标定难点

纯电动汽车空调系统的冷源、热源和其他能源都来自电池系统，空调除了影响驾驶舒适性外还会影响车辆的续驶里程，这就使得其汽车空调性能标定工作存在较多难点，具体体现在以下几个方面。

（1）系统集成复杂性

电池系统是新能源汽车所有能量的来源，因此，除了完成车辆的制冷、制热和除雾功能外，新能源汽车的空调系统还需要与电池热管理系统、电机热管理系统等其他车载系统集成。不同系统的集成运行必然会造成系统之间的相互影响与相互干扰，这进一步提升了标定工作的复杂程度。因而在进行标定工作时，标定工程师需要考虑到多个系统之间的相互作用、性能需求与能量损耗，实现系统之间的最优协同、最优运行。

（2）控制策略的优化

为了适应更多的应用场景，满足用户的体验需求，新能源汽车的空调系统需要配备智能化的控制策略，敏锐捕捉车辆状态、外部环境、使用场景的特征信息并做出自主决策，从而实现对运行参数的自动调节。而智能化控制策略的开发是标定工作的主要难点，对标定工程师的专业水平要求较高且需要大量实验与数据分析作为支撑，需要深入结合车辆热管理系统的工作原理和性能特点对控制策略进行不断的迭代升级，以提升空调系统的性能和效率。

（3）环境适应性的挑战

新能源汽车在使用过程中可能会遇到各种极端气候条件，如极高温、极低温、高湿、干燥等。由于空调系统本身的工作原理就是对外部空气进行处理，为乘员舱提供适宜的温度与湿度，所以这些极端环境会严重影响空调的性能。因此，标定工程师需要模拟各种极端恶劣环境，对空调系统进行测试与分析，确保空调系统在不同的外部环境下都能够正常运行，并且安全可靠，具有一定耐久性。

（4）能效与性能的平衡

新能源汽车由电力系统提供整车能量，所提供的能量有限，因而提升能源利用率、降低能量损耗是对新能源汽车空调和热管理系统能耗的主要要求。为了保证新能源汽车使用过程中整车性能与舒适度不会受到较大的负面影响，需要标定工程师优化热管理和空调系统的能耗配置。

（5）新技术的引入与应用

随着新能源汽车技术的不断进步，新能源热管理技术也处于不断革新之中，零部件技术、系统架构、控制理念等方面的技术创新成果大量涌现。然而，从技术成果到技术应用之间仍存在一定距离，将新技术应用到产品中并对其做好准确的性能标定对标定工程师提出了更高的要求，这需要他们具备极强的专业知识储备，在每一次热管理技术革新中对新技术进行学习。同时，还需要他们具有丰富的实践经验与融会贯通能力，运用新技术对现有系统进行改造升级，不断推动空调系统整体性能的优化。

2.4.4 汽车标定工程师的技能要求

汽车空调热管理标定工程师是汽车空调热管理标定工作的主体，也是整个汽车行业中不可或缺的角色，他们的存在使得汽车空调系统能够适应各种环境条件，保障了汽车驾乘环境的安全性、舒适性。汽车空调热管理标定是一份颇具挑战性的工作，为了能够保证工作开展得顺利、有效，标定工程师需要经过长时间的学习与实践，掌握一系列的专业知识与技能。

首先，为了能够准确理解空调热管理系统的工作原理和性能特点，并根据这些原理和特点对汽车空调热管理系统进行标定、优化相关性能、推动汽车空调热管理系统的技术革新，汽车空调热管理工程师需要具备暖通制冷、车辆工程、嵌入式系统等方面的知识与技能。同时，为了更好地实现对车辆空调热管理系统控制策略和软件的优化，他们还应熟知空调热管理系统的控制策略和算法。

其次，为了更好地开展标定工作、在实验后处理分析实验数据以完成后续的系统优化升级工作、更好地从技术层面提升产品的竞争力，需要标定工程师能够熟练应用各种标定工具和标定方法，具备空调热管理项目开发经验，并熟悉竞品车空调、热管理功能和优劣势，能够对其进行针对性超越。

再次，因为多数进行标定的车辆属于试制车，车辆状态与稳定性较成品车差，且标定工作有时需要到一些极端恶劣的环境中开展，因而标定过程中可能会遇到设备失灵、零部件损坏、车辆撞损等突发问题，为了更好地对这些问题进行解决、保障标定工作的安全，需汽车空调热管理标定工程师具备沉稳、冷静的品质以及较强的应急应变能力，在紧急情况下能够及时做出判断、解决问题。

最后，为了更好地与客户、软件、系统、项目等部门进行合作，快速高效地进行需求沟通，推动工作顺利进行，需要汽车空调热管理标定工程师具备良好的沟通能力与团队合作精神，及时了解到合作方的要求与建议并清晰地阐述自己的观点与方案，快速达成共识。

总而言之，汽车空调热管理标定工作能够保障车辆在各种条件下的安全行驶与驾驶环境舒适，是车辆开发过程中的重要内容。空调系统是标定工作所面向的主要对象，通过对其进行调控，能够确保在各种环境中车辆座舱以及零部件都处于最佳温度与湿度条件下。标定的内容包括空调系统性能标定、空调热管理系统集成标定和控制策略优化三方面，其最终目的是优化空调性能、保障电池安全、降低整车能耗并增加车辆续驶里程。

第 3 章
动力电池热管理系统

3.1 动力电池热管理系统结构与优化　　— 046
3.2 动力电池热管理系统的主要策略　　— 049
3.3 汽车动力电池组热管理系统设计　　— 057
3.4 动力电池液冷系统设计与控制方法　— 061

3.1 动力电池热管理系统结构与优化

3.1.1 动力电池热管理系统概述

近年来,新能源汽车技术飞速发展,新能源汽车产业也呈现出良好的发展前景和较强的发展潜力,但与此同时,动力电池热管理问题也不容忽视,为了保证车辆以及驾乘人员的安全并维护车辆电池性能,新能源汽车行业还需进一步优化完善动力电池热管理系统。

在电动汽车中,电池热管理系统是用于保障电池安全的重要系统。一般来说,电动汽车的动力系统由各类电子设备构成,如电池、电机等,当汽车处于运行状态时,这些电子设备会散发出大量热能,导致电池温度上升,为了防止高温影响电池的性能和车辆的安全性,电动汽车行业需要对电池的散热结构进行优化,对电池热管理系统进行升级,提高电池的散热效率,让电池能够迅速降温。动力电池热管理既能够在一定程度上延长电池的使用寿命,也能够减少电池的能量损耗,从而达到强化电池性能的效果。

外部环境是影响电池组运行情况的重要因素,稳定的外部环境和波动较小的环境温度有助于提高电池冷却的有效性和延长电池的使用寿命。一般来说,电池内部温度与环境温度之间存在温差,当温差超出安全阈值时,电池可能会出现热失控问题,进而导致车辆面临起火甚至爆炸等危险。

现阶段,新能源汽车大多通过电池内温度控制或传感器实时监测的方式来调控电池组温度,实现对动力电池的热管理。从实际应用上来看,各类动力电池的工作温度范围各不相同,因此电池热管理系统需要采取不同的方式来对电池组的温度进行调控。

基于单片机技术构建的电池热管理系统是当前应用较广且成熟度较高的动力电池热管理方式。该系统主要由主控制器和执行机构两部分构成。其中,主控制器用于监控电池组运行状态和调控电池组温度;执行机构用于采集和上传电池组的各项参数,同时也要处理各项相关数据,并向相关操作人员提供数据处理结果。

当电池出现过冷、过热等情况时,基于单片机技术构建的电池热管理系统将无法继续发挥作用,为了有效管理电池温度,确保电池的安全性和稳定性,相关工作人员需要及时检测电池温度。

动力电池主要包含单体电池、模组和电池管理系统三个组成部分。其中,单体电池可以借助电芯来接触外界环境,且处于工作状态下的单体电池会散发出大量热能,导致温度上升,当电池温度超出一定阈值时,内部元器件可能会失灵,进而导致电池使用寿命缩短、电池容量降低、整车性能下降等问题;模组是由多个电芯组成的单元,也是动力电池系统中的重要组件,主要用于存储电能;BMS主要用于管理和维护电池单元,监控电池状态,防止动力电池出现过充或过放等问题。

为了保障电池性能,新能源汽车行业需要优化改进电池热管理系统,利用BMS实时监测电池温度，及时发现电池过热等问题并进行降温处理。

从保障电池性能的角度来看，有效的电池任务管理方式能够迅速降低电池温度，提高动力电池的安全性能；科学合理的散热设计有助于电池散热，能够提高动力电池的综合性能。散热是电池热管理系统中不可或缺的一项功能，为了确保电池的综合性能，系统需要监测并调控电池温度，将电池温度控制在适宜工作的温度范围内，防止温度影响到电池的工作状态、续驶能力和安全性。

3.1.2 动力电池热管理系统结构

随着绿色发展需求的提升以及各种新能源技术的快速发展，汽车的动力源呈现出多元化发展趋势，其中，依托于不断进步的动力电池技术，电动汽车迅速脱颖而出。动力电池是电动汽车的储能核心，是整车驱动能量的来源，因而其安全性、容量以及有效使用时间均决定着电动汽车性能的好坏。

当所面临的行驶情况较为复杂时，电动汽车需要在不同行驶模式间进行高频率切换，且当车辆的功率需求较高时，需要动力电池为驱动电机提供更大功率的输出，以满足车辆高能量、大功率的需求；而当车辆在一定情况下需要频繁进行制动时，动力电池既要满足能量的大功率输出需求，也要及时对多余的能量进行回收，这个过程中动力电池会不断受到大电流的冲击。

动力电池是一种温度敏感部件，其实质是一种升温降温产生热量的载体，单位体积生热模型是其热效应模型，因而，各种因素都会造成动力电池的性能下降和使用寿命缩短。当车辆处于发动机负载较大、转速较高的行驶状态下时，动力电池内外部温度也会迅速升高，若不及时进行降温，动力电池就可能因热失控而发生爆炸。当面对低温时，动力电池电解液的黏性变大，正负极相容性变差，将无法进行大规模功率输出，也难以为整车提供所需功率。

动力电池热管理系统是对动力电池环境温度进行调节的控制系统，其中的温度感知元件能够及时获取电池内部温度、整车环境温度等信息，并接收来自系统控制单元的指令，在散热时驱动散热风扇，加热时驱动加热装置，从而为动力电池提供合理的运行环境。

电动汽车的动力热管理系统对于车辆而言不可或缺，借助其内部相关的控制逻辑，可以及时根据车辆电池内外部环境温度变化进行吸热或放热，确保电池处于最佳工作状态。电动汽车动力管理系统分别由不同的部件实现其冷却功能和加热功能。通过压缩机、换热器和空调系统，利用制冷剂进行热量吸收，对动力电池进行冷却；通过热阻小、换热效率高的PTC加热器和换热器集成化进行热量释放，对动力电池进行加热。

当电池温度较高时，为了保证汽车安全，需要对电池进行散热。电池冷却指令被动力电池热管理系统接收时，在换热器的控制下动力电池的冷却回路与整车空调系统接通，借助空调的冷却功能对电池进行散热。若电池温度过高，散热量大时，冷却水泵将泵出液体进一步吸收电池热量，提高散热效率。此外，如需对座舱冷却和动力电池冷却进行切换，可以通过接通或断开电磁阀进行控制。

当汽车在低温环境中行驶从而导致电池温度较低时，为了保证车辆动力，需要对动力电池进行加热。动力电池热管理系统接收到加热指令后，通过三通阀启动PTC加热器，PTC材料迅速升温，由于其电阻具有随温度升高而减小的特点，因而当动力电池温度达到目标值时，PTC加热器停止继续升温。

3.1.3 动力电池热管理系统优化

近年来，电动汽车技术快速发展，电池与电机、电控、电气、温度管理系统之间的关系日渐密切，电池温度也已经成为影响整车性能的重要因素。新能源汽车需要综合运用各类电池模块和散热管理部件来构建动力电池热管理系统，并借助该系统来调控电池温度，提高电池充电效率，保证电池运行的安全性和稳定性。

现阶段，动力电池热管理系统通常由三个部分构成，分别为电池系统、电池组和加热装置。具体来说，在动力电池热管理系统设计环节，相关工作人员可以将加热装置装配到蓄电池组当中，利用电池自身产生的热量来驱动电池组循环工作，在提高能量利用率的同时实现对电池组功率的有效调节，进而达到控制电池组热量和温度以及提高电池充电的安全性的目的。

热管理系统中包含多个模块，如能量转换器、电源、加热元件、加热设备、换热器等。

- 能量转换器具有独立发电功能，能够单独为各个电池组发电，从而确保电池在能量循环状态下所输出功率的稳定性；
- 电源大多采用直流供电或交流供电的方式来为车辆提供动力；
- 加热元件可以利用电机等传动机构来进行热量传递，为电池组和加热装置提供热量；
- 加热设备可以与加热单元进行热量交换，并在交换的过程中获取电能，从而为动力电池组的各项性能提供一定的保障；
- 换热器中包含传质机、冷却架和加热器等多个组成部分，能够对温度和流量进行控制，从而减少热消耗，高效率完成热交换任务。

（1）动力电池设计分析

动力电池大多采用铝壳结构和铝合金隔板。铝板具有质量小、成本低、安装难度低、耐用性高等诸多优势，是应用十分广泛的一种电池材料；铝隔板材具有质量小、体积小、散热效果优、安装难度低等诸多优势，大多应用在各类中大型动力电池当中。

就目前来看，铝制隔板大多应用在各类大型电动汽车和混合动力汽车当中。具体来说，动力电池可以借助铝电解质隔板来提高散热效率，增强电池性能的稳定性；在新能源汽车当中，电池包通常具备8片铝制隔板，拥有8个正极和12个负极，除此之外，电池包的正极、隔膜、电解液和壳体中均装配有冷却器，热管理系统可以借助这些冷却器来保障电池的安全性，防止温度对电池的使用寿命造成影响，同时也能够在一定程度上保证电化学反应中的导电性。

（2）关键零部件优化方案

对于新能源汽车动力电池热管理系统中的各类关键零部件，如电机、电控元件、散热器和空调冷凝器等，相关设计人员需要参照设计需求来进行优化设计。在制订优化方案的过程中,相关工作人员需要在不同的工况下对车辆进行测试,从实际测试情况上来看,当电机处于循环冷却状态下时,电机绕组极易出现温度漂移变乱的情况,进而导致动力电池的冷却系统出现安全问题。

电机在循环冷却过程中会产生大量热量,若不能及时散热,那么发动机的功率将会受到影响,导致车辆油耗上升。从原则上来看,相关设计人员需要综合考虑多项相关因素,如电机转子与内机壳体之间的机械差异和空间结构的匹配情况等,并在此基础上对电机模块中涉及散热的各项关键零部件进行优化。

具体来说,在实际设计过程中,相关设计人员主要需要考虑以下几项内容:
- 内机壳体结构;
- 外壳材质;
- 壳体与底盘结构的连接情况;
- 电机转子的使用寿命。

(3) 总体热负荷仿真分析

当发动机系统中的冷却风扇处于工作状态时,电池组和电机对温度的感知较为灵敏,系统需要将发动机的工作温度降低 5~15K,以便获得更好的发动机降温效果,缩短发动机冷却风扇的运行时间。

除此之外,新能源汽车行业的相关工作人员还需对空调制冷能力进行分析。一般来说,若空调具有较强的制冷能力,那么系统内的空气温度也相应较低,当车辆处于行驶状态时,空调也可以迅速制冷;若最大限度提高空调在车辆行驶时的制冷能力,那么车辆空调的使用寿命将得到提高,同时也可以在一定程度上减少动力成本支出。

(4) 热系统性能仿真分析

为了进一步优化升级动力电池热系统,新能源汽车行业的相关研究人员需要借助 Matlab 软件来构建动力电池及电机系统仿真模型,并利用 ArcGIS 软件来实现对热系统性能的仿真分析,通过叠加功率模型和性能模型的方式来获取仿真结果。

一般来说,能量密度模型和实际应用的热模型之间通常存在误差,为了减小误差带来的影响,新能源汽车行业的相关研究人员需要从实际工况出发,进一步优化热系统,提升热系统性能,并分析各个热管理单元的性能,在最大限度上提升散热效果,调整控制参数,分析计算结果,确保系统能够充分满足各项实际需求,如各个热管理单元的散热能力的要求等。

3.2 动力电池热管理系统的主要策略

3.2.1 冷却处理方法

在电动汽车中,电池的工作温度需要保持在适当的范围内,只要超出这一范围,不管是温度过高还是过低，都有热失控的风险，这在很大程度上会削弱电池性能。所以，动力电池的热管理系统对于电动汽车来说非常关键，其可以进行温度的实时监测，如果发现温度超出正常范围，将及时发出预警并作出处理。冷却处理、加热升温、调整充放电策略，这是动力电池热管理系统采用的三种方法。

下面我们首先对冷却处理策略进行详细分析。为保证容量和充电循环数等指标不受影响，高电压蓄电池须保持适宜的工作温度。如果电池温度过高，则需要及时实施冷却，让电池的温度回到正常范围内。冷却用到的方式有冷却液循环、自然风吹散热、热泵空调冷却等。

（1）冷却液循环

对高电压蓄电池进行降温，需要排出其多余的热量，这一过程的实现工具是低温冷却器，或者是位于制冷剂循环回路上的换热器。高电压蓄电池中有冷却转换阀，对这一阀门实施驱动，可以实现对低温回路 2 的控制。高电压蓄电池包含了一个冷却回路，回路上配备有散热器，通过将蓄电池内多余的热量释放到环境中来实现散热。换热器可以喷入或蒸发制冷剂，并借助制冷剂对冷却液起到冷却效果，使后者得以进入低温回路发挥作用。低温冷却回路 2 如图 3-1 所示。

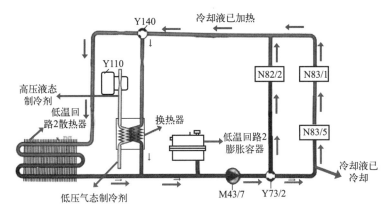

图 3-1　低温冷却回路 2 示意图

高电压蓄电池的充电要使用充电装置中的供电插座完成。在充电的时候，如果温度条件达到中等温度，则低温回路转换阀（Y73/2）的方向会发生变化，转到直流转换器和充电装置一侧，电子装置中多余的热量会在低温回路中散热器的作用下排放出去，参照冷却液的温度，风扇选择开启的等级。如果高电压蓄电池处于低温状况，冷却液的输送借助换热器来完成，这时换热器在蓄电池冷却系统膨胀阀的作用下处于阻断状态。此时，高电压蓄电池的热容量将在多个部件中发挥作用，包括冷却直流转换器和充电装置的电子系统两部分。

低温气态制冷剂储存在蒸发器之中，由电动制冷剂压缩机提取出来并实施压缩操作，制冷剂经压缩后会升温，而后到达冷凝器。冷凝器中的高温制冷剂借助车外空气实施制冷操作，车外空气可以是自然流经此处的，也可以是利用风扇电机提供动力而吸入的。

制冷剂的压力有一个对应的露点，达到露点后制冷剂会冷凝并液化。而后，制冷剂向储液罐流动，在此完成清洁，通过吸收潮气去除蒸汽气泡和机械杂质，这样做是为了保证制冷剂后续经过的部件不受到损害。制冷剂完成清洁后到达高电压蓄电池冷却膨胀阀，这时，高压下的液态制冷剂，通过喷入或蒸发的方式进入高电压蓄电池的冷却系统，接纳它们的是冷却系统中的换热器。制冷剂循环回路如图3-2所示。

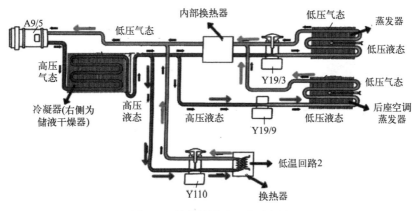

图 3-2　制冷剂循环回路示意图

低温回路2的散热器有可能出现制冷功率不足的情况。当这种情况出现时，将对冷却液实施转送，从低温回路转至连接于制冷剂循环回路的换热器，这个过程需要借助高电压蓄电池冷却转换阀来完成。

传动系统中包含有控制单元，用来控制高电压蓄电池冷却转换阀的开启或关闭。当冷却转换阀开关时，高电压蓄电池冷却膨胀阀也会打开，冷却膨胀阀的位置在换热器上。

高电压蓄电池冷却膨胀阀对高压状态下的液态制冷剂实施喷入或蒸发操作，后者借助这样的操作进入高电压蓄电池冷却系统的换热器中，制冷剂从低温回路2的冷却液中吸热发生汽化。之后，由制冷剂压缩机抽取并重新压缩变为气态的制冷剂。

(2) 自然风吹散热

利用自然风吹散热以达到降低温度的效果。由于简单便捷，这种散热方式的使用频率是最高的。自然风吹散热需要用到一个散热风扇，置于动力电池的一端。汽车行驶时会形成自然风，风扇的运转也能创造出强制气流，两者都可用于电池散热。

高温天气下，电动汽车在充电时会发出很大噪声，这是因为车辆此时处于静止状态，不能形成自然风，而充电过程又会产生热量，这种情况下风扇需要以更大的功率运行，以增强散热效果。风速是风冷散热实际效果的影响因素之一，除此之外，风冷散热的效果还与电池包内部单体电池的排列方式有关。通过改进单体电池的排列方式，使空气与电池在更大的面积上实现接触，增大电池表面的对流换热系数，让散热更加高效。

(3) 热泵空调冷却

热泵空调系统分为三个运行阶段，可以看作是三个工作运行模式，即冷却运行阶段、再加热阶段和热泵加热运行阶段。电动汽车热泵空调系统的工作原理如图3-3所示。

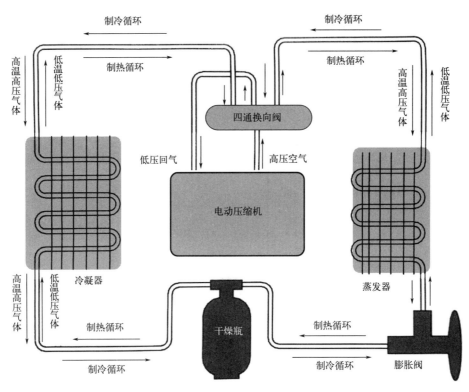

图 3-3 电动汽车热泵空调系统工作原理

热泵空调冷却动力电池工作原理如图 3-4 所示。高电压蓄电池换热器（冷却器）是制冷剂实行热量交换的场所，在进行热量交换前制冷剂要经过电子膨胀阀 2 和电子膨胀

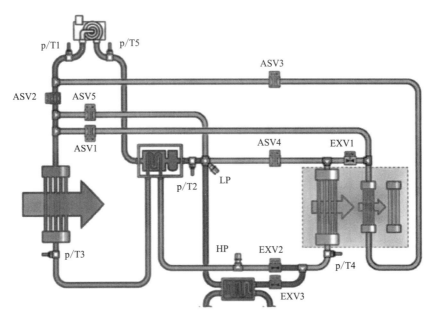

图 3-4 热泵空调冷却动力电池工作原理
ASV—截止阀；EXV—电子膨胀阀；p/T—压力和温度传感器；
HP—高压保养接口；LP—低压保养接口

阀3。截止阀4关闭后，制冷剂无法在此区域内继续流动，受此影响空调装置中的蒸发器将一直处于被动状态。举例来说，温度在30℃以上时，在充电过程中可实施"仅冷却高压蓄电池"的操作；温度在35℃以上时，将在行驶过程中主动对高电压蓄电池实施冷却操作，实现电池散热。

冷却汽车内部空间工作原理如图3-5所示。图3-6中的EXV2即电子膨胀阀2对制冷剂实施膨胀操作，膨胀后的制冷剂会分成两路，分别流向空调装置的蒸发器和高电压蓄电池换热器（冷却器），其中在进入换热器前要经过EXV3即主动式电子膨胀阀。换热器是高电压蓄电池冷却液循环回路进行热量交换的场所。储液罐中装有干燥器，制冷剂经过储液罐后由液态变为气态，随后压缩机将气态制冷剂从冷却器中抽吸出来。

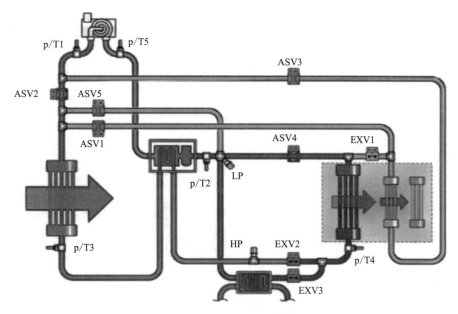

图3-5 冷却汽车内部空间工作原理
ASV—截止阀；EXV—电子膨胀阀；p/T—压力和温度传感器；
HP—高压保养接口；LP—低压保养接口

3.2.2 加热升温方法

电池温度较高时需要散热降温，温度较低时需要加热升温。电机电控模块在工作过程中会产生一定的热量，热泵空调、PTC加热器等能够制造出热量，这些都可用于电池的加热升温。

（1）热泵空调升温

与采用PTC空气加热元件作为实现载体的纯加热模式相比，热泵空调的能耗更低，能够起到延长续驶里程的效果。

压缩机中会形成压缩热，冷媒将压缩热传送到空调装置中，应对外部冷空气侵入造成的低温状况。当采用冷却液运行模式时，热量来自高电压区域，这些热量在冷却器的作用下进入冷媒，冷媒通过循环的方式实施加热。

热泵空调升温分为三个阶段，分别是刚开始加热阶段、空气/冷却液热泵运行阶段、冷却液热泵运行阶段。

① 刚开始加热阶段。刚开始加热阶段如图 3-6 所示，这一阶段的加热较为缓慢，需要 PTC 空气加热器的协助。冷却液循环回路可以生发出热量，包括高电压蓄电池和牵引机的循环回路两部分，不过这些热量此时可能还没有投入使用。

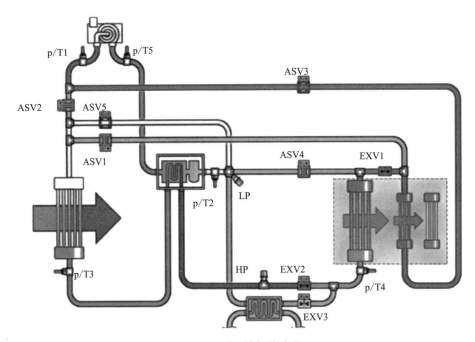

图 3-6　刚开始加热阶段
ASV—截止阀；EXV—电子膨胀阀；p/T—压力和温度传感器；
HP—高压保养接口；LP—低压保养接口

这个时候，含有热量的、形态为气态的制冷剂泵入空调装置的气体冷却器，这一过程由压缩机来执行，需要 ASV3 处于开启状态，从外部流入汽车的冷空气将会受到加热。气态制冷剂到达蒸发器后朝着 EXV2 的方向流动。上述路线要经过 EXV1 和处于关闭状态的 ASV4。经过绕行，系统效率得到了一定程度的提高，这是因为在空调装置的蒸发器中会再次发生热量交换。

此时压缩机的吸入侧开始投入使用，制冷剂将先前流动时所遵循的方向颠倒过来，经过内部换热器和位于车头的气体冷却器，这时 ASV1 和 ASV2 处于关闭状态，ASV5 处于开启状态。制冷剂流向安装有干燥器的储液罐，此时压缩机可再次对制冷剂实施抽吸。到此，循环回路实现了闭合。

② 空气/冷却液热泵运行阶段。此阶段如图 3-7 所示，在这一阶段，EXV3 处于激活状态，膨胀后的制冷剂流入高电压蓄电池换热器（冷却器）中。换热器中将发生热量交换，热量交换的双方分别是热泵制冷剂和高电压蓄电池及牵引机的冷却液。制冷剂进入安装有干燥器的储液罐，压缩机从冷却器中对制冷剂进行抽吸。

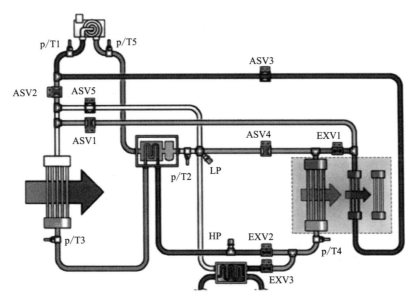

图 3-7 空气/冷却液热泵运行阶段
ASV—截止阀；EXV—电子膨胀阀；p/T—压力和温度传感器；
HP—高压保养接口；LP—低压保养接口

空气/冷却液热泵运行阶段属于混合型，它的应用具备持续性，只有在高电压蓄电池和牵引机未对加热和冷却液循环回路作出区分，以及高电压蓄电池换热器的冷却散热循环被放到了较高的优先级之上时才会停止使用。

③ 冷却液热泵运行阶段。这一阶段如图 3-8 所示。区别于其他两阶段，此阶段的 EXV2 是关闭的，制冷剂不会流经此处。所有制冷剂经 EXV3 得到膨胀，而后流向高电压蓄电池换热器（冷却器）中。压缩机在换热器中对制冷剂进行抽吸，这一过程要借助

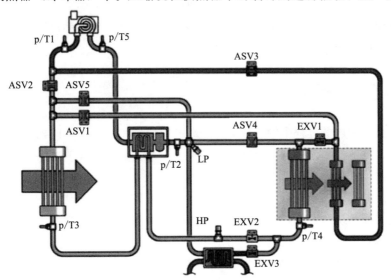

图 3-8 冷却液热泵运行阶段
ASV—截止阀；EXV—电子膨胀阀；p/T—压力和温度传感器；
HP—高压保养接口；LP—低压保养接口

第 3 章 动力电池热管理系统

安装有干燥器的收集盘来完成。此阶段，制冷剂的流动过程产生了主动冷却的效果，这一效果体现在高电压蓄电池和牵引机的冷却液上。

（2）PTC加热器制热

在电动汽车领域，PTC所指的对象是热敏电阻，由半导体材料制成，对于温度具备一定的敏感性，电流流经PTC会生发出热量。PTC的电阻值与温度呈正相关。PTC加热器拥有较高的功率，通常情况下为3~10kW，因此电动汽车在低温寒冷条件下热车时，续驶会有较大幅度的削弱。PTC空气加热器或PTC冷却液加热器是较为常见的制热器件，电动汽车的取暖系统较多地使用这两种器件制热。PTC加热器示意图如图3-9所示。

图3-9 PTC加热器示意图

① PTC空气加热器结构原理。经由进气口，在鼓风机的作用下，新鲜空气泵入PTC加热芯，两者发生热交换，在此过程中空气温度升高，形成相对意义上的高温空气。车辆上分布有多个进气孔，在控制阀的控制下，高温空气通过这些进气口进入车辆，提高了车内温度。

② PTC冷却液加热器结构原理。PTC加热器对冷却液实施加热，经过加热后的冷却液可以再用来加热鼓风机，这样一来鼓风机在借助进气口泵入新鲜空气时可以对其产生加热效果，形成相对意义上的高温空气。

3.2.3 调整充放电方法

电池在充电和放电过程中的工作温度应保持在0~45℃这一区间内，一旦温度离开了这一区间，电池的安全性就有可能受到威胁。应对措施是对充放电策略做出调整，调整充放电策略可以从充电温度、充电倍率、充电电压几个方面入手。

调整充放电策略需要先对动力蓄电池的状态进行监测。监测功能的实现载体是动力电池的电池管理系统即BMS，这也是BMS最基本的功能。通常情况下，动力蓄电池状态监测的具体对象为充电和放电状态下的电压、电流、温度。

温度是动力蓄电池性能的主要影响因素之一，依靠当前的技术手段只能做到准确测量动力蓄电池的表面温度，内部温度需通过热模型估算。对于锂离子动力蓄电池来说，适宜的温度区间为15~35℃，而电动汽车实际运行过程中温度的波动区间远比此区间大，为-30~50℃，这就意味着动力蓄电池温度过高或过低的情况会经常出现，因此动力蓄电池的热管理非常重要，需要通过加热或冷却保持动力蓄电池温度处于适宜区间。

在电压过低或过度放电的情况下，电解液会分解，同时生发出可燃气体，产生安全隐患，而在电压过高或过度充电的情况下，电解质会发生分解，正极材料会丧失活性，同时生发出大量的热。

测温元件负责动力蓄电池组的温度测量，得到电池组的温度分布情况，而后热管理系统据此对电路实施控制，完成散热，这是温度控制的大致流程。

3.3 汽车动力电池组热管理系统设计

3.3.1 电池系统的隔热设计

纯电动汽车电池系统的组成部分包括电池组和电池管理系统两部分。锂离子电池是电池组采用的选项之一，与其他材料制成的电池相比，锂离子电池的能量密度较高，使用寿命较长，有着较好的功率输出特性。不过，锂离子电池也存在缺点，温度变化会在很大程度上影响其性能，这一点在大容量高功率的锂离子电池上表现得尤为明显。电池组在-20℃的低温之下有着较好的启动性能，但是如果遇到高温环境或大倍率放电的情况，电池组的热量扩散就成为了一个问题。

为了获得足够的动力，纯电动汽车需装载数量较多的电池，同时车内用来装载电池的空间并不十分充裕，因此电池之间排列得比较紧密。当纯电动汽车的行驶工况发生变化时，电池组的放电倍率也会随之变化，因此电池组在大量生成热量的过程中，所采用的生热速率并非始终保持一致。如此经历一段较长的时间，同时受到空间有限这一因素的影响，电池组会出现热量不均匀的状况。

在高温天气下，外部高温环境和复杂工况的累加使电池组有更大的概率遇到温度方面的问题和考验，包括系统温度过高和温差过大两方面。在这样的条件下，需要对电池组进行及时有效的散热，否则电池的功率、能量发挥以及充放电循环寿命将受到影响，如果情况严重可能会出现热失控，对电池组的安全性和可靠性构成威胁。

应对高温环境、保障电池组的循环寿命和安全性不受影响，需要采用更合理的电池组结构和热管理系统设计。在夏季高温天气中，高温热辐射会持续较长的时间，产生大量热量，这些热量进入电池箱后会使电池组的温度升高到超出正常范围。此外，在汽车行驶过程中，电池本来就需要发热以为车辆提供动力。因此在高温天气下，电池组容易存在温度过高的问题，电池系统的隔热设计是解决此问题的方式之一。

按照隔热设计，在安装电池组之前，先将一层隔热膜贴到电池箱的内壁，发挥隔热作用。在高温天气下，隔热设计能够在一定程度上阻挡热辐射的进入，帮助电池组抵御高温环境的影响，缓解温度过高的问题。带隔热设计的电池系统结构如图3-10所示。

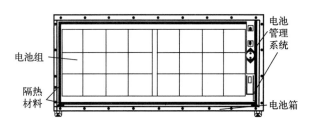

图 3-10　带隔热设计的电池系统结构

隔热设计需要借助隔热材料来实现，经筛选确定两种隔热材料，分别用 A 和 B 来指代，通过试验考察和验证两种材料的性能。首先准备好 2 个电池箱，将 A 和 B 分别贴到 2 个电池箱内壁，随后再将带有温度传感器的电池组装入电池箱，完成 2 个电池箱的布置之后，将其放入高温箱开始试验。

在验证 A 和 B 的隔热效果时，要注意采用适当的试验条件以取得更好的试验效果，高温箱的温度以 65℃ 为宜，试验结果如图 3-11 所示。

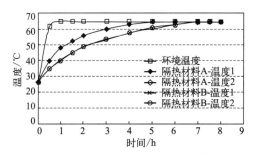

图 3-11　两种隔热材料设计温度变化曲线

图 3-11 曲线变化显示，当使用 B 作为隔热材料时，7h 后电池表面温度和高温箱内温度持平，而选用 A 作为隔热材料时，达到同样的效果需要 5h。也就是说，相较于材料 A，材料 B 能够更好地控制电池表面的温度，具有更好的隔热效果，隔热设计将选用 B 作为隔热材料。

对于隔热材料，还需要实施另一项验证，那就是它会不会在行驶过程中增大电池组温度升高的幅度。表 3-1 给出了电动汽车的不同行驶工况，采用这些工况，以是否带隔热材料作为变量，模拟电动汽车行驶过程中电池组的温度变化，温度变化曲线如图 3-12 所示。

表 3-1　模拟电动汽车行驶工况

步骤	操作状态	截止条件
1	60km/h 匀速行驶	SOC 达到 10%
2	30min 快速充电	SOC 达到 80%
3	60km/h 匀速行驶	SOC 达到 10%
4	60km/h 匀速行驶	SOC 达到 10%

据图 3-12 曲线，当工况相同且初始温度并无太大差异的条件下，有隔热设计的电池组和无隔热设计的电池组，其温度的变化状况是大体一致的，温升都为 12℃ 左右。

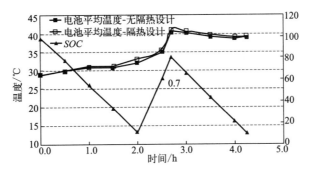

图 3-12 带隔热材料和不带隔热材料的电池组温度变化曲线

因此,通过试验可得,在行驶过程中,电池组的温升并不会在采用隔热设计后显著增高。

3.3.2 空调压缩机散热设计

空调压缩机散热设计是另一种热管理系统设计,主要用来降低电动汽车行驶时电池组的发热量。这一设计需要有空调压缩机制冷单元,其安装于电池箱内部,压缩器发挥制冷作用,制造的冷气由蒸发器负责输送,借助强制对流将冷气传入电池箱。压缩机和外部冷凝器所采用的散热方式是相同的,都是风机散热。

压缩机是一种压力式温控器,包含 3 个组成部分,分别是感温部分、温度设定主体部分、执行开闭操作的微动开关。压缩机的温包和毛细管采用的是密闭结构,其内部分布有感温工质,借助这样的设计,压缩机转变了被控温度的表现形式,在密闭空间中,如果压力或容积发生了变化,则表明被控温度也发生了相应的变化,这依据的是热胀冷缩的原理。电池系统中存在一个表示正常温度的数值,如果温度超过了这一数值,触头会在弹性元件和快速运动机构的作用下自动开启,实现散热降温。带空调压缩机散热设计的电池系统结构如图 3-13 所示。

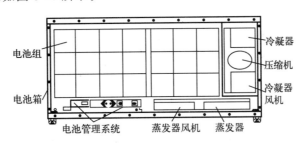

图 3-13 带空调压缩机散热设计的电池系统结构

在带空调压缩机散热设计的电池系统结构中,为了对该设计的实际散热效果做出验证,电池组配备有 6 个温度传感器,这些传感器以均匀的方式排列。在进行验证时,将电池箱放入高温箱,接着将温度调至 50℃ 并维持此温度不变,随后观察电池内温度传感器的温度,当传感器温度与高温箱环境温度持平时,开启空调压缩机的散热装置进行散热,记录散热过程中的温度变化并绘制得到温度变化曲线,如图 3-14 所示。

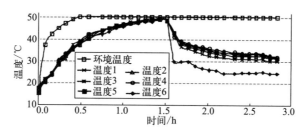

图 3-14 空调压缩机散热设计温度变化曲线

由图 3-14 可见，采用空调压缩机散热设计，能够收到比较显著的电池组散热效果。但如果采用此设计，电池组内部会呈现出比较大的温差，不同位置的温度差值会超过 6℃。除了温度均衡性较差之外，此设计还在安装成本、耗能、占用空间等方面存在缺陷，还会减小电池系统的能量密度。

3.3.3 半导体散热系统设计

与空调压缩机散热设计一样，电池系统的半导体散热设计也是为了解决电动汽车行驶时发热量较大的问题。

半导体散热系统要用到带半导体散热片的风扇，这一散热系统包括一个制冷面和一个制热面两部分，分别置于电池箱的内部和外部，电池组之间不是紧密相接的，而是存在一定的空间以发挥风道的作用。温度检测系统会对温度进行实时采集，如果检测到温度超过了设定值，散热系统就将发挥作用，借助半导体制冷片实施降温，并在温度低于设定值后及时停止工作，以防止电池组温度过低。带半导体散热设计的电池系统结构如图 3-15 所示。

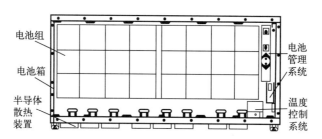

图 3-15 带半导体散热设计的电池系统结构

与空调压缩机散热设计相同，在验证半导体散热设计的散热效果时，同样是在电池组内安装排列均匀的 6 个温度传感器，具体的试验步骤也与验证空调压缩机散热设计的散热效果时一致，此处不再重复，最终得到半导体散热设计的温度变化曲线，如图 3-16 所示。

据图 3-16，散热系统在电池组温度与高温箱环境温度持平时开启，散热系统开启后可收到一定的散热效果，电池组温度有所降低，不过一段时间过后电池组的温度回升，接近实施散热前的温度水平。这样的试验结果表明半导体散热设计无法取得很好的散热效果，不能帮助电池组有效应对高温环境。

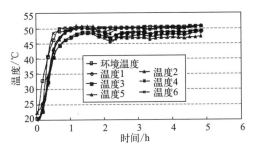

图 3-16 半导体散热设计的温度变化曲线

以上对三种动力电池组热管理系统设计做出了比较详细的介绍，其中，隔热设计是比较好的一种热管理设计方案，相较于其他两种设计隔热效果更明显，可在一定程度上阻挡高温热辐射进入电池箱，且在电动汽车行驶过程中不会显著增高电池组温度。此外，隔热设计的优点还在于结构较为简单，成本相对低廉，有利于大规模生产和应用，从而实现产业化。

3.4 动力电池液冷系统设计与控制方法

3.4.1 动力电池液冷系统关键技术

近年来，世界各国正不断加快推动能源结构绿色低碳转型的步伐，并采取多种措施提高全社会的生态文明意识，大力发展电动汽车。电池是电动汽车的核心部件，能够为电动汽车提供能源，为了有效保障整车的性能和可靠性，电动汽车领域的相关工作人员需要加大对动力电池的研究力度，增强电池的性能，延长电池使用寿命。

随着动力电池的重要性越来越高，电池热管理逐渐成为电动汽车领域中不可忽视的一项内容。电池热管理系统中融合了多种先进技术，其中，液冷技术能够对电池进行高效散热，防止高温等因素影响电池及车辆的性能，电动汽车行业的相关工作人员正不断加强对液冷技术的研究，力图推动液冷技术快速发展，降低技术应用成本。

从作用原理上来看，液冷技术可以利用水、乙二醇溶液等液体介质来转移电池所产生的热量，将电池温度控制在其工作温度范围当中，避免电池的性能和使用寿命受高温影响，同时也能够在一定程度上提升电池的能量密度和充电效率，进而达到保障电动汽车性能的效果。

在动力电池散热方面，液冷系统与风冷系统相比具备更多优势，如尺寸小、重量轻、噪声小、热导率高等。

液冷系统的设计和制造涉及多个领域的知识和技术，相关开发人员既要掌握各个相关学科的各项知识和技能，也要了解新技术、新工艺和新材料。具体来说，液冷系统的设计和制造离不开以下几项技术。

(1) 流道设计

良好的流道设计能够在一定程度上优化冷却液的流动特性，提升热交换效率。在流道设计环节，相关设计人员需要充分发挥计算流体动力学仿真技术的作用，对冷却液在流道中的流动情况进行仿真模拟，并根据仿真模拟结果来对热交换效率进行预测和分析，再利用结构拓扑优化方法来确定流道形状，确保液冷系统的流道设计达到最优水准，能够大幅提高导热性，降低流体阻力。

(2) 材料选择

在液冷系统中，材料与性能之间存在直接关联，一般来说，大多数液冷板为热导率较大的金属材料，如铝板、铜板等，这些材料具有良好的导热性能，能够将热源中的热量快速转移到冷却液中，达到散热的目的。除此之外，相关设计人员在选择材料时还需综合考虑耐腐蚀性和机械强度等因素，确保液冷系统材料能够在一定程度上抵挡物理撞击和化学腐蚀，进而达到提升液冷系统的稳定性和可靠性的效果。

(3) 泵与散热器

泵能够决定流体流动速率，散热器能够将液体所吸收的热量散发到外部环境当中，二者之间的协同作用可以促进冷却液循环并带走电池所产生的热量。在液冷系统的设计和制造环节，相关工作人员需要选择效率高、可靠性强的泵，以便确保液冷系统中冷却液流量的稳定性。不仅如此，相关工作人员还需综合考虑散热性能和成本收益两项因素来设计散热器，将散热器的性价比提升到最高水平。

(4) 控制策略

良好的控制策略能够保证液冷系统有效运行。具体来说，相关工作人员可以采集热源的实际温度和实时工作状态等信息，并充分发挥控制算法的作用，根据这些信息来对冷却液流量和散热器参数进行动态调整，避免电池等部件出现过冷或过热等问题，确保其温度始终处于最佳工作温度区间当中，进而实现各部件温度的有效控制。

(5) 制造工艺

先进的制造工艺能够在一定程度上提升液冷系统的性能和可靠性。3D打印、微通道加工等先进技术在液冷系统设计和制造中的应用能够大幅提高液冷板制造精度、流道尺寸精度和流道形状精度，增强液冷系统整体的紧凑性，提升液冷系统的散热效率。除此之外，先进的制造工艺还能够有效提升产品的统一性和可靠性，降低产品的不合格率。

3.4.2 动力电池的液冷控制方法

动力电池管理系统通过硬件实现其冷却与加热功能，而这一过程的控制则是通过软件实现的，硬件和软件相配合共同完成液冷控制方法。在通过信号接口接收到整车的动力电池温度、行车模式、车速、冷却液流速等信号后，电池管理系统参照动力电池的正常工作温度对采集到的信息进行算法计算，明确其冷却请求使能、加热请求使能以及强控指令等，将上述信号发送到对应的冷却或加热模块，并对执行硬件的参数（如运行功率、开关状态等)进行计算,最终驱动 PTC 加热器加热或冷却水泵制冷,最终实现对动力电池的温度调控。动力电池的控制原理结构图如图 3-17 所示。

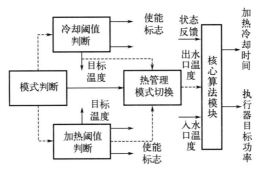

图 3-17 液冷控制原理图

电动汽车的动力电池热管理系统在工作时将根据车辆的行驶模式、动力电池的最大温度、最小温度等信息进行计算,发出指令。通过电池的最大温度与最小温度,热管理系统能够计算出在当前模式下冷却功能开启与关闭条件,通常所选用的方式是对比电池最大温度与选中的可标定温度阈值,冷却功能的强度随着电池温度的下降而减弱,指导动力电池的温度降低至预设值,则动力电池冷却功能关闭。同样地,当电池热管理系统下达加热指令后,则将最大动力电池温度与选定温度阈值进行比较,根据电池温度决定加热功能的开关与强度大小。

动力电池热管理系统明确了冷却功能和加热功能开关的端点数值,而在加热或冷却的过程中对于相关执行器的输出功率和反馈状态的调整控制,则需要通过动态规划算法来实现。动态规划算法的实质是将正在进行的任务根据时间以及其他参数的变化进行分解,而后对各个子阶段进行分别求解,得出其最优解,因而动态规划可以作为热管理系统的核心算法模块。

在液冷控制方法中,首先对车辆模式进行判断,明确不同模式下的电池正常工作温度范围,随后结合动力电池温度和 BMS 状态得出冷却与加热阈值,算出目标水温、冷却功能开启条件和加热功能开启条件、PTC 加热请求标志位等信息,经运算后最终下达冷却指令或加热指令。

如需开启冷却功能,则将冷却请求、当前动力电池温度、目标冷却温度等信息载入核心算法模块,对执行器的目标功率与运行时间进行计算,取最优解,根据电池温度与加热或冷却进程实时调整热管理系统各项执行器参数,实现能源的最优配置并实现对动力电池温度的实时控制。

3.4.3 动力电池的液冷方案验证

为了保证电动汽车动力电池液冷控制方案的安全可靠,使其能够获得大范围推广应用,需要采用电动汽车动力电池热管理实验对其进行验证。实验在特定的环境中进行,实验环境由动力电池、负责发出操作指令的控制上位机、负责热量传递的换热器、负责加热的 PTC 加热泵、控制制冷剂流通的阀体、制冷剂管道以及负责制冷制热切换的电磁阀等构成，可对动力电池充电和放电两阶段的热管理数据进行采集和分析，实验环境如图 3-18 所示，实验数据如图 3-19、图 3-20 所示。

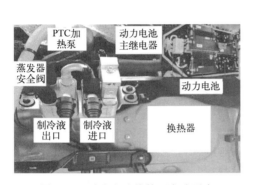

图 3-18 动力电池热管理实验平台

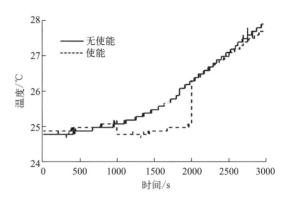

图 3-19 开启使能温度实验结果

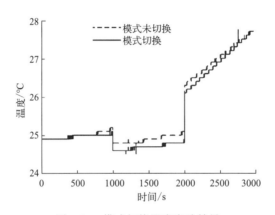

图 3-20 模式切换温度实验结果

通过图 3-19 可以看出，对车辆的行驶模式进行识别后动力电池温度在短时间内有所上升，在 1000s 时，热管理系统动力电池冷却功能开启，电子冷却水泵对电池进行降温，随后电池温度保持在恒定数值，冷却功能关闭后随着时间推移，温度再次开始上升。

同样，通过图 3-20 可以发现热管理系统在由冷却模式切换至加热模式时，动力电池的温度也在短时间内发生明显变化，迅速升温。实验结果表明，液冷控制方法在对动力电池的冷却和加热方面表现优良。

在一些较为复杂的工况下，汽车频繁制动产生大量余热、电池持续进行大功率放热等会造成热管理失效，针对这一问题，可以在动力电池单位体积生热的热效应模型基础上构建分布式的液冷热管理部件拓扑结构，通过动态规划算法对其进行控制。此方案在电动汽车动力电池热管理实验平台得到了验证，实验结果表明利用拓扑结构，能够进一步增强热管理系统加热和冷却执行部件的灵敏程度，实现对电池温度的快速响应，确保动力电池处于最佳工作状态。

3.4.4 动力电池的液冷设计要点

近年来，新能源汽车对性能方面的要求越来越高，相关补贴政策逐渐向续驶能力强的汽车和能量密度高的汽车倾斜。与此同时，汽车行业对新能源汽车电池系统的功率性能和快充性能也提出了更高的要求，为了最大程度发挥电池的应用性能，新能源汽车行业需要对电池冷却系统的设计进行优化升级。

从作用原理上来看，新能源汽车动力电池的液冷系统主要利用位于液冷板中的冷却液来带走电池所产生的热量，进而达到降低电池温度的效果。

① 相关设计人员应选用国标通用的冷却液进出口接口，充分保证接口与冷却系统之间的匹配度，从而帮助新能源汽车厂商减少在新能源汽车加工方面的成本支出。

② 相关设计人员在为冷却系统选择冷却管时，应综合考虑冷却管的材料、耐腐蚀性、管径尺寸、工作温度和可承受的工作压力等多项因素，找出最合适的冷却管。

③ 相关设计人员应选用导热效果较好的铝材料作为液冷板，并确保冷却液可在液冷板内部流动，且液冷板与电池表面接触较为充分，能够起到导热作用。除此之外，相关设计人员还需将导热性强、绝缘效果好的导热垫粘到液冷板表面，进一步增强液冷板的导热性能和安全性能。

不仅如此，相关设计人员还应针对电池类型进行液冷板结构设计。具体来说，对于方形电池和软包电池，相关设计人员应为其设计板式结构的液冷板，将液冷板安排在电池的底部和侧面，并确保液冷板与电池之间充分接触；对于圆柱形电池，相关设计人员应为其设计弯曲带状结构的液冷板，在设计时还需注意弯曲弧度与电池外径之间的匹配度，确保液冷板与电池表面充分接触，能够起到导热的作用。

④ 相关设计人员应综合考虑传热能力、温度适用范围、电绝缘性、耐腐蚀性等多项相关因素，选用最合适的冷却液。

第 4 章
驱动电机热管理系统

4.1 电机热管理的控制策略与设计要点 — 068
4.2 新型电机冷却系统结构与控制方法 — 073
4.3 电动汽车电机主动加热技术与试验 — 077

4.1 电机热管理的控制策略与设计要点

4.1.1 新能源汽车电机热管理概述

与传统汽车相比,纯电动汽车整车热管理的主要变化在于集成方式不同。零件的安装影响整车环境,要做到发热部位与发热量的一一对应,应从及时转移热量的角度入手,控制零件的工作温度,将其置于既能保证车辆功能正常,又不会因为过热而发生故障的范围内。此外,对于不同行车环境,热管理系统的功能还应足够多样,满足特定场景的温度要求。只有综合考虑安全性、舒适性、功能性,整车热管理系统才有投入生产的价值。

车用电机属于电机行业的其中一支,这是国际市场的共识。传统汽车历史悠久、体量庞大,因此车用电机行业的发展也已经比较成熟,而在我国,随着各种资源、政策向新能源汽车行业倾斜,电动汽车电机正在成为新的风口。但由于汽车电机的结构复杂,生产的难度、成本都较高,我国该行业的整体水平也存在比较大的上升空间。整车热管理系统影响电机的平稳运行,要实现更高的整车性能,就需要对该系统的具体功用、结构设计、目标工况等有基本的了解。

(1) 电动汽车电机热管理的作用

电机是新能源汽车非常重要的部件之一,为车辆前进提供动力。电机与其连接的各种传动装置统称为驱动电机系统,其中,电动驱动部分具体包括电动机、转换器、控制器、电源和各种传感器等部件。

永磁电机是电动汽车的驱动核心,该种电机的工作效率高、弱磁范围较大、过载容量较高,同时噪声等的影响较小。由于汽车内的空间有限,因此永磁电机的形状、大小等都有比较严格的限制,只能优先朝更高的功率密度与转矩密度的方向发展。

一般来说,保持电机的功率在一个水平,电机的体积越小,功率密度就越高,这会使能量的利用效率提高,但也会增加电机的散热难度,让电机在使用过程中发生故障。当行车环境比较复杂、天气恶劣、温度较高时,由于外界影响或车辆频繁制动,可能会使电机的内阻耗能更大,不利于驱动电机的长期使用。厂商在研发电机时,就要明确电机不同位置的发热特点,根据温度差异设计特定的冷却通道,从而更好地散热,增进电机的安全性能。

(2) 电动汽车电驱系统的发热量来源

电动汽车电驱系统运行中的热量主要产生于电机控制器和电机本身。

① 电机控制器。控制器的绝缘栅双极管在工作中存在损耗,这是控制器的热量的主要来源。绝缘栅双极管的损耗主要分为通态损耗和开关损耗两种。这两种损耗在缓冲双极管中同样有发生。其中,通态损耗是静态损耗的一种,取决于正向导通时正向压降与电流的乘积。开关损耗主要指由于寄生电容的存在,双极管开关时电压不能马上变化

为0因此出现的损耗。

续流二极管正向连通时存在对应电压，大小取决于电流和该状态下芯片的温度。该二极管存在一定的结热电阻，又具备导通压降，因此就会导致电流的损耗。续流二极管的开关损耗则主要发生在续流二极管不再起缓冲作用期间，即断开电路的动态变化过程中。

② 电机本身。电机本身的发热量主要来自电机铁损、铜损、机械损耗和附加损耗。铁损、铜损指的是电机中的金属部分因处于磁场之中，产生感应电流进而发热，产生热损耗的过程，包括金属反复磁化产生的磁滞损耗和金属内部涡流的损耗两方面。机械损耗主要包括轴承、电刷等表面摩擦电流发生的热损耗。

现在市面上的纯电动汽车一般都使用水套冷却结构，其剖面图如图4-1所示，定子铁芯和冷却水套之间通过间隙组合，使最小过盈小于等于0，定子铁芯中的电磁力也会由此转移到冷却水套上，持续降低电机温度。

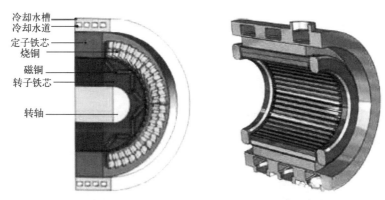

图4-1 电动汽车驱动电机剖面图示例

冷却水回路中的冷却泵能够扩大液道宽度，降低冷却水的速度。速度变小，冷却水与电机的对向流体热交换速率也会降低。冷却水套的规格受电机的限制，不能无限扩大。液道的宽度减小时，冷却水流速增加，对向流动时散热速率也会增加，但存在缺点，即冷却水流动的阻力增大。

由此可见，在设计热管理方案时，并不能片面地提高散热效果、降低成本，还需要在驱动电机的实际环境中检验方案是否可行，综合考虑各方面的因素，如对流热交换效率、机械应力分布等，通过搭建虚拟仿真模型完成方案设计过程，在尽量减小泵机功率的前提下找到驱动电机散热的最优解。

4.1.2 电动汽车电机热管理的方法

新能源汽车运行的动力来自电机与控制器的相互配合，其中驱动电机提供动力来源，控制器通过提高电池的充放电效率、优化燃料电池的工作特性等进行能量转换。在这个过程中，电能会不可避免地发生损耗，以热能的形式释放。如果不及时对其进行冷却，则有可能导致电机和控制器过热而出现损毁，因而需要进行相关的热管理以保证其安全运行。

电机及其电控系统热管理的主要任务是为电机及其电控系统提供最佳运行温度环境，这一点的实现需要在分析不同电机内部产热机理的基础上进行，以设计出与电机最为适配、最经济高效的冷却系统。当前，电机冷却系统可大致分为风冷、液冷和其他冷却方式三种类型，其中液冷又分为水冷和油冷两类。

为了进一步提升电机及其电控系统热管理的效率，降低其能耗，有研究者设计了一种新型的混合型电机冷却系统，该冷却系统主要由热管、铜管水套、风扇三部分构成，当冷却液流过需散热表面后，通过风扇转动加速其降温，提升散热效率。这种兼有被动冷却和主动冷却的系统在能耗控制方面具有较大的弹性空间，能够从控制策略入手降低其能耗。通过对采用混合冷却策略的电机冷却系统热特性进行试验和数值研究后发现，当热负荷为250VA时，在正常运行工况的前提下，采用混合冷却策略能够将功耗率降低33%。

（1）风冷

风冷系统的散热能力有限，多应用于散热要求不高的小型车驱动电机或辅助电机中。这是因为这类风冷系统具有整体架构较简单、所需要的冷却零件较少且无须额外设计、维护难度小且成本低等优点，但同时这也使得其在冷却效果上大打折扣，难以满足高散热车辆的需要。

当散热量需求增加时，驱动电机和控制器只能通过增加体积以提升与气流的接触面积来保证散热效果，这造成车辆结构空间的过度占用和散热成本的增加；受结构限制，风冷系统适应的散热场景有限，难以确保车辆驱动电机和控制器在复杂工况下散热的安全性与稳定。

气体冷却系统的构造简单，制造难度低且成本低，KONDOM等在提升其效能方面进行大胆尝试，并针对永磁同步电机设计了新的冷却系统，以电机轴承为装置部署点，在其四周布置环形冷却腔，实现其与电机内部热空气的隔离，同时将带槽的小圆盘安装在电机轴承的外侧，在风扇的转动下产生强迫对流，从而实现散热。经过试验发现，这种结构上的优化能够大幅提升电机的散热效率，同时降低平均能耗。

（2）液冷

液体的比热容较高，相较于气体具有更好的物理稳定性，在进行系统温度调节时具有更大的换热空间，因而是一种良好的热管理方式。对于新能源汽车的驱动电机及其控制器而言，液冷降温的速度更快，能够有效避免电机和控制器因长时间处于高温状态下而出现使用寿命缩短的情况，并能够让其快速恢复最佳运行状态，因此，液冷成为当前阶段新能源汽车电机和控制器散热的首选。

因为液冷在换热效率和换热稳定性方面的良好表现，在热管理领域受到了研究者的充分重视，对其研究主要集中于电机外壳水套的结构设计和水道的设计方面。

比如，有研究以一台额定功率为21kW的电动汽车为对象，针对其永磁同步电机设计出了一种C形环槽水路结构，在汽车使用这种散热策略进行散热时，研究者测量并分析了电机水冷系统及电机内部的三维温度场，结果显示在不同的工作区域，温度的分布状态也有较大差异：在转子区域内，温度分布较均匀，磁钢中部温度最高；在定子区域内，温度分布较不平衡，绕组端部的温度相较于中部的温度更高。

此外，油冷也属于液体冷却方法，比如一些日系车型使用 ATF（自动变速器油）对电机进行冷却，能够有效地将损耗在油液中的热能传至油冷却器。与使用冷却液的电机相比，油冷电机的体积更小，前机舱的布置也更加紧凑。

还有的研究聚焦于电动汽车用高功率密度的永磁同步电机螺旋水路的进出水口水管布置方式，对其进行仿真计算，结果显示切向于水路的方式比法向于水路的方式降低了约 10.7% 的压降损失。结合压降、表面散热系数与表面散热面积等多种因素确定出了最佳的水路结构设计方案。

4.1.3 电动汽车电机热管理控制策略

(1) 电子水泵控制

通过电机系统各发热零部件的冷却需求与水泵转速的耦合，电子水泵能够在冷却需求出现变化时及时调整水泵转速。电子水泵一般由 PWM 进行控制，其控制曲线如图 4-2 所示。

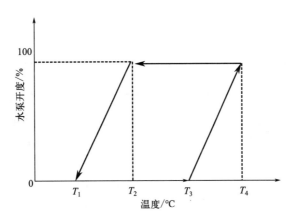

图 4-2 电机电子水泵 PWM 曲线

当前电机、前电机控制器、发电机、发电机控制器中有一方的检测温度达到 T_3 时，即可触发前水泵的工作开关。

当上述任一零部件达到 T_3 后，随着上述零部件工作温度不断增大，为了对其散热，前水泵的开度也相应增大，当前电机、前电机控制器、发电机、发电机控制器中任一零部件的工作温度达到 T_4 时，前水泵的开度达到最大值；随着上述全部零部件在水泵的散热下温度出现回落，至 T_2 时，前水泵开度逐步减小；当所有零部件最高温度回落至 T_1 时，水泵停止工作。

当后电机、后电机控制器、车载充电机（on board charge，OBC）、DC/DC 中有一方的检测温度达到 T_3，即可触发后水泵的工作开关。

当上述任一零部件工作温度超过 T_3 阈值后，后水泵的开度继续随着温度的上升而增大，当后电机、后电机控制器、OBC、DC/DC 中任一零部件温度达到 T_4，后水泵的开度达到最大值；随后经过散热，当零部件最高温度降低至 T_2 时，后水泵的开度随着温度的降低逐渐减小，当全部零部件温度达到 T_1 及以下时，水泵停止工作。

（2）电子三通阀控制

电子三通阀一端连接液路前段，另一端通过两个分流管实现对液体后段连接液路的控制，从而实现一进两出的功能。在常开状态下，其与液路 1 连接，在切换状态下，其与液路 2 连接，其常开状态与切换状态由电机系统中各零部件的工作情况决定。控制策略如表 4-1 所示。

表 4-1 电子三通阀控制条件

常开条件	切换条件
前电机工作，内部温度达到预设值	前电机工作，内部温度未达到预设值
前电机控制器工作，内部温度达到预设值	前电机控制器工作，内部温度未达到预设值
发电机工作，内部温度达到预设值	发电机工作，内部温度未达到预设值
发电机控制器工作，内部温度达到预设值	发电机控制器工作，内部温度未达到预设值
后电机工作，内部温度达到预设值	后电机工作，内部温度未达到预设值
后电机控制器工作，内部温度达到预设值	后电机控制器工作，内部温度未达到预设值
OBC 工作，内部温度达到预设值	OBC 工作，内部温度未达到预设值
DC/DC 工作，内部温度达到预设值	DC/DC 工作，内部温度未达到预设值
温度传感器监测冷却液温度达到预设值	温度传感器监测冷却液温度低于预设值
整车启动和熄火后	—

值得注意的是，使电子三通阀保持常开状态只需要满足常开条件中的任一条件就可以；但若想要电子三通阀进行状态切换，则需要满足常闭的所有条件。

（3）电子风扇控制

新能源汽车电机热管理中电子风扇的控制与传统车差别不大。在设计中，电子风扇有 3 个挡位，通过 PWM 对调节挡位进行控制。对其进行控制时需要涉及 OBC、压力传感器、空调系统压力等信号，对于混合动力车型，则还要考虑发动机（或增程器）冷却温度信号。

4.1.4 电动汽车电机热管理设计要点

电机热管理系统的设计主要需要注意以下几点：

① 在结构上，考虑到控制器与电机的温度需求差异，应将温度需求更高的电机在管路连接时置于控制器的后端。

② DC/DC 和 OBC 工作条件和发热量对冷却液温度变化的影响较小，可以在管路连接时通过将其置于控制器的前端进行串联，或直接与前端管路并联以减小其流量。

③ 要在充分考虑液路的总液阻和液流量的基础上进行电子水泵的选择，在进行布置时，考虑到水压对水泵的影响，应尽可能降低水泵在回路中的布置位置。

④ 根据元件数量和液体流向控制的实际情况确定电子三通阀和四通阀的选择。

⑤ 因为当温度过低时电机的工作效率会相应降低，因而可以通过在管路设计中加入电子三通阀，模拟节温器功能，当温度过低时改变冷却液的流向，使其绕过散热器，保证电机在寒冷工况下拥有合适的工作温度。

⑥ 电机散热器主要服务于电池，其对于冷却风扇温度需求接近冷凝器，若条件允许，可以将二者分开布置在最前端；若条件不允许，则考虑散热面积最大化，将冷凝器置于最前端。

⑦ 为了更好地进行冷却液的加注、减少气泡，需要设计膨胀水箱。若机舱没有较多空间容纳膨胀水箱，则使用电池膨胀水箱完成这一功能。在进行通气管路的设计时，毛细管的设计可以更好地控制冷却液的交换。

4.2 新型电机冷却系统结构与控制方法

4.2.1 电机冷却系统工作原理

纯电动汽车行业的不断发展，为消费者们勾勒出了新的愿景。随着电动汽车的充电电压提高、功率增大，充电效率有了明显的提升；电池结构的更新、耗能方式的改善，则体现为续驶里程的不断增加。电机是纯电动汽车动力的直接提供者。总的来说，智能电机的集成程度与工作效率越来越高，也越来越符合节能减排的理念，其中，智能电机热管理系统的发展尤其如此。

由于高压系统可以降低内阻损耗、整车质量，提高车辆性能，开发800V乃至千伏以上的整车系统已经成了市面上大多数车企的共识。新能源汽车的电机是整车的动力核心，相比传统汽车，其电机的耗能更小、功率更高、载荷更大、续驶更优秀，能够响应各种复杂路况中的驱动、制动需求。如紧急加速时，转矩、转速增加，电流也会随之增加，增大电机的功率。但高温也会使内阻功耗增加，变相损失功率，甚至影响电机的使用，因此，需要有配套的智能电机热管理系统来降低电机的温度，使其维持在适宜的工作范围。

电机冷却系统的工作原理是向汽车电机周围放置特定介质如冷却液等，将产生的热量运离，从而保持电机内部较低的工作温度。综合来看，电机冷却系统不仅能够控制电机的工作温度，避免电机故障；还能控制内阻的热功率，提高电机的工作效率；同时也符合节能减排的理念。有些智能电机冷却系统还能够监视电机工作中的热量分布，寻找电机可能存在的隐患。

现阶段，电机冷却系统的制冷方式种类繁多，如风扇带动空气流通、泵机供给冷却液、高温物体到低温物体的热传导、蒸发吸热以及利用氢气冷却器等。其中，电气组件主要依靠风冷中的自然冷却方法降温，其他外围构件则比较适合强风冷却。液冷使用水、油、乙二醇等多种介质，比较灵活。蒸发和氢冷的冷却方法则适用于规格较大的发电机中。

目前市面上的电机冷却系统主要使用液冷方式，其中，水冷和油冷两种冷却介质因为容易获得、比热容较大等原因而应用较广。水冷的工作原理主要在于纯电动汽车的电机内部有比较多的液体通道结构，冷却液可以在这些通道中流动，时刻与电机结构发生热交换，电机产生的热量也就实现了转移。水冷的另一个优点是可以灵活改变液体通道的结构，提高散热效率。

一些电机液冷（如水冷）的原理是通过泵机持续供给流动的冷却液，让冷却液不断在电机的控制单元、机身表面流动，将电机的热量携带到电机冷却系统处，再由电机冷却系统泵出新的冷却液。通过重复这一过程，实现冷却液的循环使用，并有效降低电机的温度。一些电机内会设置冷却通道供冷却油通过，同时通过冷却水对流完成冷却油的熵减过程，电机换热器负责电机内部的冷却油与负责搬运热量的冷却水之间的热交换，通过内外两部分的协作完成电机温度控制。

4.2.2 新型电机冷却系统结构

概括来说，电机液冷系统的原理都是由水泵持续供给冷却液，本质上就是电机、散热器（有时还包括换热器）之间的热交换过程。但是这种液冷系统也存在一些问题：首先，流动式散热装置存在传热效率较低的问题；其次，泵机、阀门、管道常常安装在电机外部，结构冗杂，且容易占用其他系统架构的空间；此外，目前的电机冷却系统，其液冷通道、回路等构件的设计比较简单，工作模式单一，无法实现对冷却效果的精确控制。

以上问题随着一种崭新的电机冷却方式的诞生迎刃而解，这种冷却系统的结构如图4-3、图4-4所示。

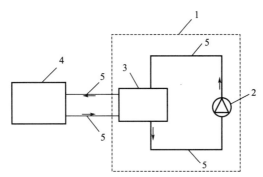

图4-3 电机冷却系统简图
1—电机本体；2—冷却泵；3—温控单元；4—散热单元；5—冷却管路

在图4-4中，装置2冷却泵为整个系统中的冷却介质提供动力，由于有些系统依靠电机内部的通道运输冷却液，因此对于泵机的集成方式没有特定要求。装置3温控单元集成了一系列元件，如获取电机温度的传感器与第一、二、三阀门等，此装置的主要功能是识别电机温度后根据不同温度范围使用不同阀门，通过不同回路运输冷却液，达到

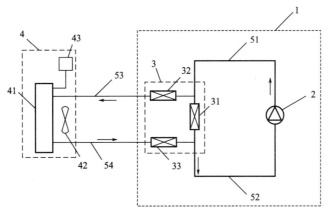

图 4-4 电机冷却系统示意图

1—电机本体；2—冷却泵；3—温控单元；4—散热单元；31—第一阀门；32—第二阀门；33—第三阀门；
41—散热器；42—散热风扇；43—膨胀壶；51—温控进水管；52—温控回水管；
53—散热进水管；54—散热回水管

不同的散热效果。

- 当第二阀门 32、第三阀门 33 关闭，第一阀门 31 开启时，冷却液会通过冷却泵 2 泵出，并在泵机与第一阀门 31 形成的回路中流动。此时冷却液流经温控进水管 51，流出第一阀门 31 后通过温控回水管 52 回到冷却泵 2。

- 当第一阀门 31 关闭，第二阀门 32、第三阀门 33 开启时，冷却泵 2 泵出的冷却液流向散热单元 4，在较大的回路中流动。此时冷却液流经温控进水管 51，经第二阀门 32 流出后，依次通过散热进水管 53、散热单元 4、散热回水管 54 后，由第三阀门 33 回到冷却泵 2。

- 当所有阀门开启时，所有装置都参与到冷却过程中，此时，冷却泵 2 同时向第一阀门的小回路和第二、三阀门的大回路中供给冷却液，实现更快速的散热效果。

在整个系统中，散热单元 4 是一个比较关键的部件，具体是由散热器 41、散热风扇 42 以及膨胀壶 43 组成，其作用是提高导热速度、增强散热效果。散热器 41 的主要作用是降低冷却液的温度，在进水处与散热进水管 53 相连接，在出水处与散热回水管 54 相连接。散热风扇 42 的作用则是给散热器 41 降温，一般设置在散热器的出风位置。散热风扇 42 的功率是可以变化的，一般散热器的功率越高，风扇的挡位就越高，以匹配散热器的工作需求。膨胀壶 43 的主要作用则是临时储存回路中的冷却液，由于冷却液的热胀冷缩性质，接收了电机的热量后可能会从回路中溢出，膨胀壶 43 就可以接纳这些溢出的冷却液，并在散热器 41 降低冷却液温度让其体积缩小或冷却液泄漏后及时补充。根据功能特点，膨胀壶 43 一般安装在散热器 41 旁。

冷却管路 5 的组成包括温控进水管 51、温控回水管 52、散热进水管 53 以及散热回水管 54 这四部分，作为冷却液的通道参与散热过程。

在系统开始工作后，根据打开的阀门不同，冷却泵 2 会通过电控系统，或在电机输出轴的帮助下开始旋转，驱动冷却液进入小闭合回路或大回路。冷却液与电机进行热量交换，转移电机工作产生的热量并流回冷却泵，电机温度随之降低。这种电机冷却系统的构造精简，还可以根据温度不同选择不同的散热挡位，对温度的控制比较精准。

4.2.3 新型电机冷却控制方法

上述的电机冷却系统,导向了一种全新的冷却方法,可以实现对电机温度的控制。如图 4-5 所示,该方法具体分为 S310 和 S320 两步。

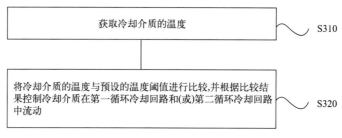

图 4-5 电机冷却控制方法

其中,步骤 S310 是通过特定手段明确介质的温度,一般是使用温度传感器对冷却介质进行持续监测。

步骤 S320 则是把传感器测量的温度与几个阈值相比较,并根据结果决定如何安排阀门状态,控制冷却液在小循环回路或大回路中流动,进行热交换。在这个步骤中,可供比较的阈值有第一和第二温度阈值,其中,第一温度阈值 T_1 与电机工作状态下的最低温度有关,第二温度阈值 T_2 则与散热风扇开始转动的电机温度有关。

① 首先,如果温度传感器检测到冷却介质的温度处于第一温度阈值 T_1 以下,第二阀门 32 和第三阀门 33 将会关闭,只有第一阀门 31 打开。冷却液从冷却泵中流出后,会通过温控进水管 51 进入冷却液道,完成热交换过程后,又会通过第一阀门 31 进入温控回水管 52 回到冷却泵 2。这种冷却方式又叫小循环冷却,优点是完成冷却循环的速度较快,可以用于短时间内提高电机的温度以达到正常工作需求。

② 当温度传感器检测到冷却介质的温度处于第一温度阈值 T_1 和第二温度阈值 T_2 之间时,第一、第二、第三阀门都会开启,但第一阀门 31 的开启程度会大于第二与第三阀门。如,第一阀门 31 可以完全打开,第二、第三阀门则可以半开口。一方面,冷却泵 2 向温控进水管 51 中泵入冷却液,冷却液通过第一阀门 31 进入电机中的液冷通道,再由第一阀门和温控回水管 52 流回冷却泵;另一方面,进入温控进水管 51 的冷却液通过第二阀门 32 流经散热器 41,再通过散热回水管 54 和第三阀门 33,经温控回水管 52 回到冷却泵;由电泵泵出的液流分别形成小冷却循环和大冷却循环回路。在这个温度范围,电机冷却系统的散热风扇 42 尚未开始转动,仅凭液冷便能达到冷却需求,可用于低电机转速、低电路载荷的情况。

③ 当温度传感器检测到冷却介质的温度处于第二温度阈值 T_2 以上时,第二、第三阀门将开启,第一阀门关闭,此时,冷却液从冷却泵 2 中泵出,经温控进水管 51 进入电机中的冷却液道,然后再通过第二阀门 32、散热进水管 53 进入散热器 41,然后,冷却液再经过散热回水管 54、第三阀门 33 和温控回水管 52 回到冷却泵。在这个温度范围内,所有的冷却液都通过这一回路,即大循环冷却回路完成冷却过程。这种冷却方式主

要通过散热器将热量搬运出电机,适合电机已经启动,需要提供加速度、提高电机转速或加大电路载荷的工况。

当电机的工作温度处于这个范围,这种冷却方法还可以改变散热速率,对介质温度实现精确控制。若要加快散热速率,可以选择加快散热风扇 42 的转速。一般会设置不同介质温度对应的风扇转速以尽量维持汽车匀速时的电机工作温度。

电机冷却系统的剩余控制过程如图 4-6 所示,除 S310 和 S320 外,还有 S410 和 S420 两步。

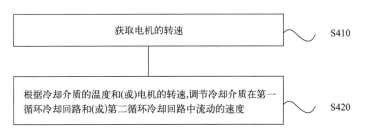

图 4-6　电机冷却控制方法流程示意图

步骤 S410 具体是通过转速传感器检测电机的转速。

步骤 S420 主要是在确定选择的循环方式之后,根据电机的转速对回路中冷却液的流速作出微调。

这两步的原理是电机的转速能够体现出目前的驱动、制动需求,可以据此预测电机未来极短时间内的热量释放情况,再结合电机目前所处的温度范围,就能够对电机的冷却装置作出相应的调整,以适应各种不同的工况。

在此基础上,可以考虑一种新的电机冷却控制系统的可行性,该系统除冷却系统的原有结构之外,还包括一些创新,如控制器更加精确,还加装了可读的存储介质,专门用于在不同工况下发出指令,启动相应的电机冷却控制过程。

总之,新型电机冷却系统的冷却泵、温控模块是与电机结构高度集成的,且回路比较精简,节省了车内空间,还提高了热交换的效率。同时,该新型电机冷却控制系统经过了多重设计,能够根据汽车行驶中的各种变化采取合适的冷却手段,更精细地控制电机温度,满足行驶需求。

4.3　电动汽车电机主动加热技术与试验

4.3.1　电机热管理系统方案设计

电池加热技术可以利用电加热板、相变材料、高温气体/液体循环管路等工具实现电池外部加热,同时,电流在流经电池内阻时也会产生热量,实现充电加热、放电加热、交流激励加热，从而借助电池内部加热来达到提高电池温度的效果，为电池的稳定运行提供保障。

电动汽车中没有装配发动机，因此不具备余热回收供暖功能，需要利用 PTC 或热泵系统来满足乘员舱制热需求。与 PTC 相比，热泵空调系统具有一定的节能效果，能够减少车辆在制热方面的能耗，增强车辆的低温续驶能力，但传统制冷剂和空调系统架构等因素会影响传统热泵在低温时的制热效果，当环境温度在 -5℃ 以下时，传统热泵将无法充分满足乘员舱制热需求。

对电动汽车行业来说，需要通过回收电机和电池的余热、开发二氧化碳热泵系统、运用蒸汽喷射增焓或补气增焓技术等方式来对热泵空调系统进行优化升级，进一步提高热泵空调系统在低温环境中的能效比（coefficient of performance，COP）和可靠性。

近年来，汽车企业、高校和研究所正在利用各种方式提高电机效率，同时电机所产生的热量也在不断减少。电动汽车领域的相关研究人员需要深入研究动力电池和热泵空调系统，解决二者在低温环境中出现的各类问题，确保电机可以在各种场景和工况下稳定运行。

就目前来看，电机主动加热技术已经被应用到比亚迪海豚、特斯拉 Model 3 等多种车型当中，这些车型可以以电机为热源来提高电池温度，或利用空调来对电机余热进行回收，并利用冷凝器等工具来为乘员舱制热，进而实现热泵采暖。

为了实现有效的电动汽车热管理，相关研究人员需要充分发挥电机主动加热技术的作用，革新电动汽车的热管理系统架构，同时广泛采集电池温升速率、电机加热能力、电机加热效率等信息，并利用这些信息来为电机主动产热技术的研究、应用和优化工作提供支持。

（1）电机热管理系统架构

为了提高能源利用率，电动汽车不仅要实现电机、电池冷却基础功能，还要支持电机产热，并充分利用电机所产生的热量。电机热管理系统架构如图 4-7 所示。

电动汽车的电机热管理系统主要具备以下三项功能：

① 传统电机冷却＋电池冷却功能。散热器可以降低电机的温度，空调系统可以降低电池的温度。传统电机＋电池冷却功能水路循环模式图如图 4-7（a）所示。

② 电机产热加热电池功能。在整个热管理系统中，电机水路与电池水路并联，如果冷却器出口的水温高于电池温度，电池截止阀将会打开，以便提高电池温度。电机产热加热电池功能水路循环模式图如图 4-7（b）所示。

③ 辅助热泵采暖功能。当电动汽车处于电机产热加热电池功能水路循环模式时，热管理系统将会利用冷凝器来获取电机余热，并利用这部分热量对热泵进行补热，提高电机和电池的温度。若在该模式下开启电池加热功能，热管理系统还需对冷凝器的吸热能力进行严格把控，避免出现电池温度低于入口水温的情况，防止电池加热速率下降；若无须提高电池温度，热管理系统就要关闭电池截止阀，充分发挥冷凝器的作用，将全部电热转移到热泵系统当中。

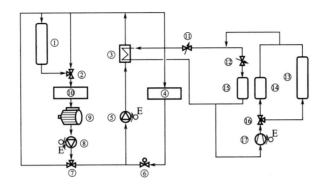

(a) 传统电机冷却+电池冷却功能水路循环模式图

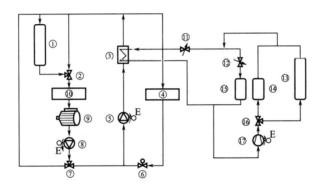

(b) 电机产热加热电池功能水路循环模式图

图 4-7　电机热管理系统架构

①—散热器；②—三通阀；③—冷却器；④—动力电池；⑤—电池水泵；⑥—截止阀；
⑦—三通阀；⑧—电机水泵；⑨—驱动电机；⑩—高压部件；⑪⑫—电子膨胀阀；
⑬—室外冷凝器；⑭—室内冷凝器；⑮—室内蒸发器；
⑯—三通阀；⑰—压缩机

(2) 电机热管理控制策略

一般来说，电机热管理系统可以利用电机所产生的热量来提高电池或热泵的温度，从而实现电池加热功能和热泵采暖功能。从作用原理上来看，热泵采暖可分为简易热泵和电机主动加热热泵两种类型。

从简易热泵的应用上来看，在采用传统电机+电池冷却功能水路循环模式时，若热泵处于打开状态，冷凝器在吸收水路热量时可能会对电池的加热性能造成限制，热管理系统应在电机加热电池时确保热泵处于关闭状态，空调系统也不能使用热泵来制热；从电机主动加热热泵的应用上来看，当电动汽车处于低温环境中时，乘员舱的制热需求较大，热管理系统需要在电机加热电池时开启电机主动加热热泵，提高乘员舱内部温度，并在电池停止加热之前限制热泵系统吸收电池热量；当电池停止加热时，热管理系统则会根据实际情况灵活切换热泵模式，充分满足电动汽车的采暖需求。由此可见，在电动汽车热管理系统中，电机加热电池的优先级最高，电机主动加热热泵次之，简易热泵的优先级最低。

4.3.2 电机主动加热试验条件

(1) 试验车辆

在测试电机主动加热能力的过程中,设计人员在革新热管理系统架构的基础上对试验车进行改制。具体来说,试验车参数如表4-2所示。

表 4-2 试验车参数

电池容量/Ah	额定电压/V	电机额定功率/kW	满载质量/kg
135	396	75	2055

(2) 试验工况

一般来说,对电机加热功能及性能的试验和分析主要涉及两种工况,分别为低温快充和空调采暖,除此之外,相关工作人员还需要借助各种试验设备来完成试验。

① 低温快充。从低温快充的试验过程上来看,相关工作人员需要将电动汽车置于-7℃的低温环境中,并确保整个试验过程伴随有空调采暖,同时将目标温度调到最高,将鼓风机的风速调整到60%,将汽车空调设为外循环和吹面模式,将行车模式下的电池加热目标温度设为15℃,将快充模式下的电池加热目标温度设为20℃,再让电池以30%的初始荷电状态(state of charge,SOC)和80km/h车辆行驶速度运行,并在SOC下降到0%时开启快充模式,直至SOC达到80%再停止试验,进而实现对电机产热性能的有效验证。

② 空调采暖。从空调采暖的试验过程上来看,相关工作人员需要将电动汽车置于-20℃的低温环境中,并确保整个试验过程伴随有空调采暖,同时将目标温度调到最高,将鼓风机的风速调整到70%～80%,将汽车空调设为外循环、吹面和除霜模式,将电池加热目标温度设为15℃,再让电池以100%的SOC和32km/h的车辆行驶速度运行20min,随后将车辆行驶速度提升至73km/h,让车辆保持这一速度行驶10min,最后停止试验。

③ 试验设备。在试验过程中,相关工作人员需要充分发挥温度传感器和流量计等设备的作用,广泛采集电机、电池和空调的各项数据,以便确保热量数据的准确性。具体来说,试验设备参数如表4-3所示。

表 4-3 试验设备参数

设备名称	测量范围	设备精度	图示
温度传感器	-40～350℃	±0.5℃	

设备名称	测量范围	设备精度	图示
流量计	0～30L/min	±0.5%	

4.3.3 低温快充试验结果分析

当电动汽车处于低温快充工况下时,乘员舱和电池会产生制热需求,此时乘员舱中的空调的制冷负荷较小,空调系统并未开启电机主动加热热泵功能,只利用PTC来对电池进行加热。

当热管理系统借助电机来提升电池温度时,低温快充试验温升曲线如图4-8所示。当汽车的行驶速度为80km/h时,冷却液可以吸收大约3kW有效热量,并以平均0.44℃/min的速度持续提高电池温度,确保停车时电池的最低温度可达到12℃;当电动汽车处于停车状态且动力电池处于快充模式时,冷却液可以吸收大约2kW有效热量,并以平均0.54℃/min的速度提高电池温度,确保在充电时间为11min左右时可达到目标温度,并在电池温度达到目标温度后停止加热。

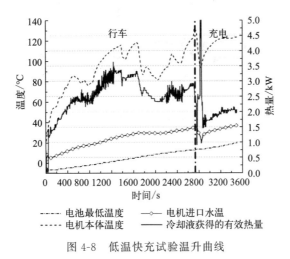

图4-8 低温快充试验温升曲线

通过对图4-8中各条曲线进行分析,可以发现处于低温快充状态下的动力电池主要具备以下特点:

① 在电池加热初期,电机和冷却液均处于低温状态,电机所产生的热量大多用于提升自身温度,因此冷却液可吸收的热量较少。当电机所吸收的热量越来越多时,电机温度也会不断升高,此时冷却液可吸收的热量也将逐渐增多。

② 当电动汽车处于行车状态时，电机进口水温和电池温度同时开始提升，电机的温度变化呈现出波动上升的特点，电池的温度将逐渐稳定，除此之外，冷却液吸热升温的过程也较为稳定。

③ 当电动汽车结束行车时，动力电池的电量已全部耗尽，并停止加热，电机和冷却液的温度也会逐渐下降。

④ 当电动汽车处于快充模式时，电池和电机的温度都会上升，与行车状态相比，停车状态下的电池充电电流和电池内部阻抗产热都更大，因此温升速率也比较快，但电机在停车时的温升速率相对较低。

式（4-1）为电机驱动功率计算公式，式（4-2）为电机加热功率计算公式，式（4-3）为电机加热效率计算公式，电动汽车行业的相关工作人员可以根据这三个公式的计算结果绘制出相应的曲线图。低温快充试验电机加热能力如图 4-9 所示。

$$P_e = \frac{Tn}{9550} \tag{4-1}$$

$$P_{\text{heat}} = U_m I_m - P_e \tag{4-2}$$

$$\eta_{\text{heat}} = \frac{P_c}{P_{\text{heat}}} \tag{4-3}$$

在以上三个公式中，P_e 表示电机驱动功率；T 表示电机转矩；n 表示电机转速；P_{heat} 表示电机加热功率；U_m 表示电机电压；I_m 表示电机电流；η_{heat} 表示电机加热效率；P_c 表示冷却液从电机中吸收的有效热量。

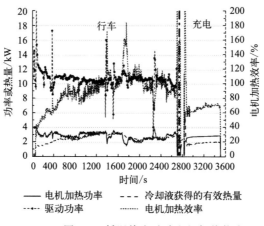

图 4-9　低温快充试验电机加热能力

当电动汽车以 80km/h 的速度行驶或已经停车时，热管理系统可以开启电机主动加热功能，让电机以 2.8kW 左右的功率来运行；当动力电池处于快充状态时，冷却液所吸收的热量会低于电机加热耗电功率，导致电机的加热效率只能达到 70% 左右，远低于传统 PTC 热敏加热器的加热效率。

当电动汽车的车速达到 80km/h 且加热时间超过 800s 时，电机总产热量上升，冷却液可以吸收电机驱动所产生的余热，同时根据总产热量计算出的加热效率也会出现虚假偏高的情况，导致电机的平均加热效率高达 102%；当电动汽车处于停车状态时，电机驱动功率为 0,电机产热量均为主动加热所产生的热量,根据这一数据计算出的电机的加热效率通常较为真实准确。

4.3.4 空调采暖试验结果分析

当电动汽车处于 −20℃ 的环境中时,乘员舱的采暖需求较大,相关工作人员需要在试验时开启电机主动加热热泵,将电机所产生的热量用于提升热泵和电池的温度,在确保车辆稳定运行的基础上进一步提高乘员舱内部温度,满足乘员舱的采暖需求。

空调采暖试验温升曲线如图 4-10 所示,根据图 4-10 所传达的信息可知,当电动汽车以 32km/h 的速度低速行驶时,电池的最低温度为 −19℃,冷却液可以吸收到 2.4kW 左右的有效热量,电池将会以平均 0.45℃/min 的速率逐渐升温,并在时间达到 1200s 时将最低温度提升到 −10℃;当电动汽车的行车速度达到 73km/h 时,冷却液将吸收大约 3kW 有效热量,电池将以 0.6℃/min 的速率升温,其最低温度将升高到 −4℃,相关工作人员也会在时间达到 1800s 时停止试验。

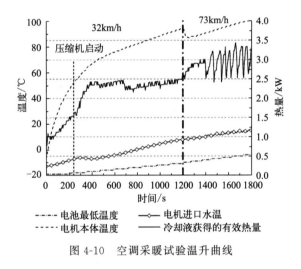

图 4-10 空调采暖试验温升曲线

空调采暖试验温升曲线的变化趋势与低温快充试验电机加热能力曲线十分相似。

① 在加热初期,电机所产生的热量大多用于提高电机自身的温度。电机的温度不断升高,冷却液可以吸收到的热量也会增多,但冷却液与电池的升温速率较低。当冷却液处于低温状态时,热泵系统难以启动运行,乘员舱只能借助 PTC 来提高内部温度。

② 当时间达到 240s 时,电机进口水温将升高到 −7℃,压缩机开始运行,电机产热效率较低,热泵和电池将同时开启加热功能,但由于冷却器会吸收热量,因此电机进口水温会有所降低,导致电机与冷却液之间出现较大温差。为了尽快平衡温度,冷却液需要提高吸收有效热量的速度,快速提升自身温度。

③ 电机的温升速率与电机进口水温上升速率相同,且升温过程中温差不变,因此冷却液可以稳定地吸收有效热量,同时电池也会持续稳步升温,但温升速率较低,与冷却液之间的温差会不断变化。

④ 随着电动汽车行驶速度越来越快，冷却液可以吸收的有效热量也不断增多，电机温度和电机进口水温会在短暂波动后重新开始同步上升，热泵的能效比也将得到一定程度的提升，压缩机也将在冷却液温度达到10℃时开始间歇性运转，此时冷却液的热量吸收也会出现不稳定的情况，但在试验结束之前，电池的温度增长都会与电机进口水温增长保持同步。

空调采暖试验电机加热能力如图4-11所示。当电动汽车低速行驶时，电机的加热功率在3.7kW左右，已经远超低温快充试验数据，但加热效率仅为64%，与车辆处于快充状态时的加热效率相比略低一些。由此可见，行驶速度较低的电动汽车可以借助传动损耗实现辅助加热，但电池壳体与冷空气之间会出现热量转移现象，导致电机加热速率下降；行驶速度较快的电动汽车可以将电机加热功率降到3.1kW左右，并借助传动损耗来获取更多热量，大幅提高电机平均加热效率。

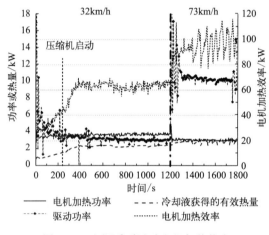

图 4-11 空调采暖试验电机加热能力

当热管理系统同时打开电池加热和电机主动加热热泵两项功能时，热泵系统可以为乘员舱供热1kW以上；当热管理系统不再向电池提供热量时，所有的电机热量都会被用于热泵采暖，此时制热量将达到3kW左右，有效增强乘员舱的采暖性能。空调采暖试验热量分配曲线如图4-12所示。

热泵系统性能评估离不开能效比这一数据的支持，在衡量热泵系统的优越性的过程中，相关工作人员需要广泛采集压缩机功耗和热泵制热量（冷凝器换热量）数据，并根据这些数据绘制空调采暖试验制热效率曲线，以便借助该曲线来了解热泵系统在不同应用条件下的制热效果。空调采暖试验制热效率如图4-13所示。

根据图4-13可知，在压缩机开启到反复启停的这段时间内，热泵系统的平均能效比高达109%，制热效率较高，若电动汽车处于-20℃的低温环境中，热泵系统将会出现无法正常启动的情况，但车辆可以通过电机主动加热的方式来支撑热源继续运作，并满足乘员舱的采暖需求。由此可见，相关工作人员需要综合考虑热泵运转时的电机加热功率、电池和冷却器均会吸收电机主动加热所产生的热量等多项相关内容，并在此基础上对整车能效比进行计算，确保计算结果的客观性和准确性。具体来说，整车能效比的

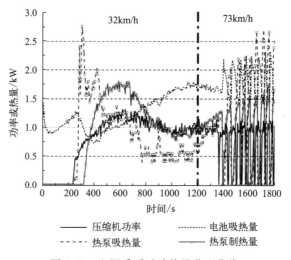

图 4-12 空调采暖试验热量分配曲线

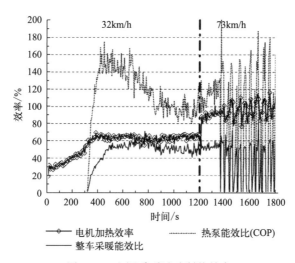

图 4-13 空调采暖试验制热效率

计算公式如式（4-4）所示。

$$COP_{total} = \frac{Q_{HP}}{P_{com} + \frac{Q_{chiller}}{Q_{chiller} + Q_{battery}} \times P_{heat}} \quad (4-4)$$

在式（4-4）中，COP_{total} 表示整车采暖能效比；Q_{HP} 表示热泵制热量；P_{com} 表示压缩机功率；$Q_{chiller}$ 表示热泵吸热量；$Q_{battery}$ 表示电池吸热量；P_{heat} 表示电机加热功率。

当系统水温超过环境温度时，热管理系统难以利用加热器来获取环境中的热量，即便电动汽车处于低温环境中，热管理系统也只能利用热泵来进行供热，因此电机主动加热热泵的整车效率明显低于电机加热效率。

第 5 章
电子芯片热管理系统

5.1 电子芯片主动式散热技术 — 088
5.2 电子芯片被动式散热技术 — 092

5.1 电子芯片主动式散热技术

5.1.1 微通道液体冷却

近年来，电子芯片的性能越来越强，尺寸逐渐走向微型化，热流密度也不断升高，未来，电子芯片的平均热流密度和局部热点热流密度也将会大幅上升。芯片的温度影响着芯片运行的可靠性和稳定性，当电子元件的温度过高时，电子芯片可能会因高温而损坏，进而导致电子芯片无法正常工作，系统的可靠性大幅降低。为了确保芯片的有效性，新能源汽车行业应加大对散热技术的研究力度，提高芯片温度控制能力。

芯片散热方式可根据外加能量情况划分为主动式和被动式两种类型。主动式散热主要包括液体冷却、微型蒸汽压缩制冷、热电制冷三种方式。其中，液体冷却又可分为微通道液体冷却、液体喷雾冷却、液体喷射冷却三种类型；被动式散热主要包括热管冷却、相变储热散热和自然对流散热等方式。

下面我们首先对微通道液体冷却技术进行简单分析。

微通道，即"微通道换热器"，指的是通道当量直径为 $10\sim1000\mu m$ 的换热器。在我国，汽车空调行业最先实现了微通道技术产业化，目前，微通道技术已经被广泛应用到工业制冷、汽车空调、家用空调等多个领域当中，并凭借强大的换热性能在各个行业中发挥着十分重要的作用。在新能源汽车领域，微通道可以不断带走电子芯片产生的热量，防止芯片被高温损坏，确保芯片运行的稳定性。

一般来说，液体工质在微通道中换热时既可以采用单相换热，也可以采用两相换热。与单相换热相比，两相换热有着更均匀的冷却效果、更低的热应力和更强的换热能力，不仅如此，当换热量相等时，单相换热的液体工质流动的压降损失较大，而两相换热的液体工质流动的压降损失较小。

液体工质在微通道中的两相换热是新能源汽车领域当前研究的重点内容。就目前来看，相关研究人员已经针对微通道中的沸腾流动特性展开了多项相关实验研究，但在各项基础性问题方面的认知和看法尚未达成一致，如流型预测、传热预测、压降预测、主导传热机制、临界热流密度和流动不稳定性等。

微通道换热器结构如图 5-1 所示。

具体来说，在包含 27 个平行矩形通道且水力直径为 $421\mu m$ 的微通道中，当热流密度较低时，R134a 会以核态沸腾的方式来传热，流型大多为段塞流和泡状流，且换热系数与热流密度之间存在正相关关系；当热流密度较高时，R134a 会以对流沸腾的方式传热，流型大多为环状流，且换热系数与质量流量之间存在正相关关系，会在质量流量上升时变大，但当质量流量较低，微通道则会出现干烧的情况。换热系数与入口干度有关，一般来说，当入口干度较低时，换热系数受其影响较小；当入口干度较高时，微通道出现干烧问题，换热系数也会随之迅速降低。

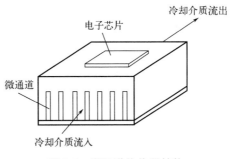

图 5-1 微通道换热器结构

在包含 25 个平行矩形通道且水力直径为 420μm 的微通道中，随着热流密度和质量流量的变化，R134a 会依次出现泡状流、段塞流和环状流。一般来说，在 R134a 以汽化成核的方式传热的情况下，当热流密度增大时，气泡分离直径和生长直径也会随之增大，但相关研究人员并未找出质量流量与气泡成核之间的具体关系。

微通道具有多种流道结构，如双层结构、波浪形结构、肋槽道结构、缩放型结构以及具有多个分歧的结构等，相关设计人员可以根据实际情况为微通道换热器选用合适的流道结构，以便提高散热能力，减少压降损失。除此之外，相关研究人员还研究出了液态金属、纳米流体和超临界 CO_2 等多种新型工质，并将这些新型工质应用到微通道换热器当中，进一步强化换热器性能。

5.1.2 液体喷雾冷却

液体喷雾冷却指的是通过喷嘴向热源喷洒一层冷却液，借助冷却液的流动和蒸发来降低热源温度。这种散热方式既能够有效避免热阻，也能够借助冷却液中喷洒时夹带的空气实现二次成核，达到大幅提高换热系数的目的。具体来说，在液体喷雾冷却相关实验中，以氟碳化合物为工质的相变换热热流密度最高可达 $90W/cm^2$，以甲醇为工质的相变换热热流密度最高可达 $490W/cm^2$，以水为工质的相变换热热流密度最高可达 $500W/cm^2$。

液体喷雾冷却原理图如图 5-2 所示。

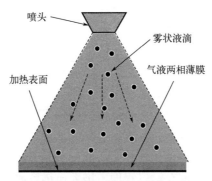

图 5-2 液体喷雾冷却原理图

液体喷雾冷却具有冷却液流量较低、温度分布均匀和过热度较低等特点，能够在多种器件的温度控制工作中发挥重要作用。液体喷雾冷却在高热流密度电子芯片散热方面有着十分广阔的发展和应用空间。

但液体喷雾冷却也存在一些不足之处，这些不足主要体现在喷嘴易堵塞、换热机理复杂度高、换热强化、系统紧凑化和喷嘴压力等方面。如果这些问题得不到解决，那么液体喷雾冷却系统的稳定性将会受到严重影响，进而导致电子芯片运行的可靠性下降。

一般来说，液体喷雾冷却系统大多采用泵驱动循环的方式来散热，而这种循环方式在以下几个方面还存在一些不足：

① 喷雾室需要借助真空泵、蒸发器等工具来维持低压；

② 液体喷雾冷却系统需要借助制冷系统来对冷却液的温度进行调控，导致系统复杂度升高；

③ 喷雾室在装配蒸发器后难以有效控制内部压力。

为了解决以上问题，相关研究人员提出用压缩机取代泵头，并将喷嘴作为膨胀阀，将喷雾室作为蒸发器，开发新的用于电子芯片散热的蒸汽压缩喷雾冷却系统。

5.1.3 液体喷射冷却

液体喷射冷却指的是向热源喷射高速射流，使工质在热源表面形成薄边界层，并借助局部对流达到降低热源温度的目的。一般来说，液体喷射冷却所使用的工质主要为水、液氮、FC-72 和 FC-40 等液体。

相关实验表明，当芯片表面温度为 85℃，流量不超过 2.5 L/min，且压降不高于 36.05kPa 时，液体喷射散热系统的散热能力可超过 $300W/cm^2$。由此可见，液体喷射散热系统能够在大功率电子设备的散热方面发挥重要作用，其在局部高热流密度的电子元器件中的应用能够降低元器件温度，并确保温度的均匀性，同时在大功率电子设备的散热领域也有着十分广阔的发展前景。

但液体喷射冷却也存在许多不足之处。液体喷射冷却是一种单相换热方式，当冷却液向出口处流动时，边界层的厚度会逐渐增加，导致换热系数降低；使用单个喷嘴的液体喷射冷却系统易出现散热不均的问题，使用多个喷嘴的液体喷射冷却系统具有一定的复杂性，且各个喷嘴所喷射的工质之间也会相互作用；当喷嘴的喷射压力较大时，电子设备的可靠性可能会受到影响。

近年来，电子芯片的热流密度越来越高，电子芯片散热的重要性日渐凸显，相关研究人员也逐渐加大了对液体喷射两相换热技术的研究力度，并设计出微凹腔、凹腔结构、沟槽结构、多孔结构、翅片结构、树枝状结构和激光钻孔结构等多种表面结构，以便进一步强化电子芯片的换热性能。

相关研究人员曾针对喷射冷却在微针肋面的应用展开研究实验，实验结果表明，当芯片表面光滑时，微针肋面能够在一定程度上增大换热系数，降低芯片表面温度，提高临界热流密度。

5.1.4 微型蒸汽压缩制冷

20 世纪 90 年代，国外有多家企业和实验室展开了对微型蒸汽压缩制冷系统的研究。万国商业机器公司（International Business Machines Corporation，IBM）开发出了 S/390G4server，该系统可以在温度较高的环境中运行，并通过蒸汽压缩的方式来将芯片温度控制在 15～35℃，且该系统的制冷量可达到 850～1050W，制冷效率系数通常为 2～3，具有可靠性强、制冷效率高等优势，能够在电子芯片散热方面发挥重要作用，但同时也存在散热空间占用较大、系统微型化、结构复杂度高、各类运动部件影响系统运行的稳定性等问题。

具体来说，基于静电驱动的微型压缩制冷系统如图 5-3 所示。

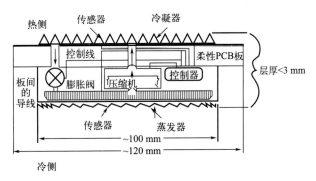

图 5-3 基于静电驱动的微型压缩制冷系统

就目前来看，新能源汽车行业在微型蒸汽压缩技术方面还存在以下几项未攻克的难题：
① 微型压缩机设计可靠性不足的问题；
② 蒸发器结露的问题；
③ 变工况条件下的散热问题；
④ 微型制冷系统的封装问题。

相关研究人员通过对微型蒸汽压缩系统的深入研究开发出了蒸汽压缩制冷系统，并针对制冷剂注充量和毛细管长度对系统性能的影响情况进行了实验。具体来说，该系统的质量为 6.25kg，大小为 820mm×740mm×120mm，额定制冷量可达 101.4W，具有降低电子芯片温度的作用。当该系统的制冷剂注充量和毛细管长度均达到最佳水平时，系统将会把蒸发温度保持在 12℃，同时系统的 COP 也会达到 2.48。

除此之外，相关研究人员还开发出了一种能够利用蒸汽来降低电子芯片温度的微型蒸汽压缩系统。该系统所使用的工质为 R134a，受蒸发器漏热影响，压缩机功耗较高，实际 COP 只能达到 1.2，散热密度为 $48W/cm^2$，能够将芯片温度控制到低于 50℃ 的范围内。

5.1.5 热电制冷

20 世纪 50 年代，热电制冷技术的应用逐渐广泛，许多制冷量较小、对装置尺寸要求较高的场合开始使用热电制冷技术来对局部热点进行降温处理。热电制冷具有稳定性强、可靠性高、无须使用运动部件、温度控制精度高、反应速度快、结构复杂度低、可集成度高等优势，但同时也存在制冷效率不高、灵活性不足等问题，为了确保热电制冷的可用性和有效性，相关研究人员需要进一步加大研究力度，提高热电制冷的效率和制冷量。热电制冷示意图如图 5-4 所示。

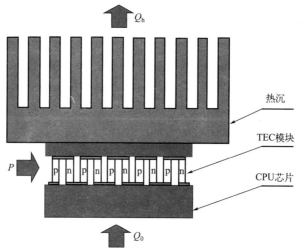

图 5-4　热电制冷示意图

Q_0—加热功率；P—半导体制冷模块输入功率；
Q_h—散热量；p、n—p 型、n 型半导体材料

就目前来看，关于热电制冷技术的理论研究越来越多，也越来越成熟，但关于热电材料和热端散热方式的研究较少，还存在许多未解决的问题。具体来说，在热电制冷技术方面，主要有以下几项问题尚未解决：

① 提高热电材料的优值系数。部分研究人员利用多孔硅纳米材料来代替硫属化合物材料，提高热电制冷的制冷效率。

② 降低热电材料的成本。部分研究人员在热电薄膜技术的基础上进一步研究出了硅锗薄膜，并将集成电路（integrated circuit，IC）工艺应用到热电制冷当中，减少在热电材料方面的成本支出。

③ 优化热电制冷片热端散热方式。相关研究人员通过在热电制冷的过程中综合运用热管、微小通道等方式实现高效散热。

5.2　电子芯片被动式散热技术

5.2.1　热管冷却

热管冷却是一种可以通过工质相变来强化传热的散热技术。热管冷却不需要消耗泵

功，且具有导热性强、温性良好等优势，可以以甲醇、乙醇、氨水、丙酮和去离子水等液体为工质进行散热，但也存在毛细极限、沸腾极限和携带极限等问题。一般来说，单个热管的热流密度较低，通常用于降低热流密度处于 $20\sim50\text{W/cm}^2$ 的电子设备的温度，如笔记本电脑的芯片和航天电子设备等。

现阶段，热管冷却领域的相关研究人员正将微型热管作为研究的重点。微型热管的结构发生了较大变化，可以充分发挥非圆形通道截面尖角的吸附作用，为冷却液的流动提供助力，同时还采用了基于 IC 工艺的微小型热管阵列，能够将冷却能力提升到 200W/cm^2，从而实现高效换热。

微型槽道热管示意图如图 5-5 所示。与传统热管相比，微型热管的优势主要体现在以下几个方面：

① 可直接安装在硅基板当中，从而达到降低接触热阻和提高热导率的效果；
② 最大限度为热点部位降温，提高芯片表面温度的均匀性；
③ 充分发挥微电子机械系统（micro-electro-mechanical system，MEMS）的作用，与电子芯片集成，并实现批量化生产加工。

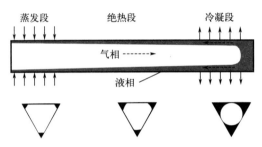

图 5-5　微型槽道热管示意图

但微型热管也存在许多尚未解决的问题，需要相关研究人员继续进行大量研究和实验，具体来说，主要涉及以下几项内容：

- 对充注封装方法进行优化升级；
- 对微尺度相变换热的原理进行研究，明确热管内相变行为、湿润和湿润过程、气液两相流和传热介质等各项微尺度相变换热相关内容；
- 采用新型流动工质，如纳米流体、自湿润流体等；
- 适当避免使用复杂的成形工艺或材料，借助一些简单有效的方法来提高换热性能，如碳纳米管、功能性表面和湿度梯度利用等，以便减少在加工制造方面的成本支出。

5.2.2　相变储热散热

相变储热散热指的是通过储热材料相变潜热的方式来吸收和储存电子芯片运行所产生的热量，并借助其他方法进行散热，从而达到降低电子芯片温度的目的。相变储热散热在间歇性使用的便携式电子设备中发挥着重要作用，能够在电子芯片出现热聚集和温度上升等情况时快速调节芯片温度，避免芯片因温度过高而失效。

相变储热散热所使用的相变材料可分为两种类型：一种为有机相变材料，这类相变材料具有成本低、潜热高、熔点范围大等诸多优势，是相变储热散热领域广泛应用的一种相变材料；另一种为无机相变材料。

相变储热是当前应用较为广泛的一种电子芯片温度控制方式，具有温度变化小、系统复杂度低、操作难度低、储热密度大等诸多优势，但同时也存在一些尚未解决的问题，这些问题主要涉及以下几项内容：相变材料的封装问题、相变材料热导率较低、安装和接触热阻较大、各向异性传热问题。

相关研究人员陆续研究出了多种用于相变储热散热的新型相变材料，如相变金属和复合相变材料等，不断增强相变材料的储热性能，并综合运用新型相变材料和各种高效的散热方式，如热管和微通道换热器等，强化对芯片温度的热控性能，提高电子芯片散热效率。

现阶段，电子芯片的热流密度正持续上升，为了有效控制电子芯片温度，新能源汽车行业需要充分利用以下几项芯片散热技术：

① 以微通道的液体沸腾为基础的电子芯片冷却技术在电子芯片散热领域有十分广阔的发展前景，如微通道液体冷却技术、液体喷雾冷却技术和液体喷射冷却技术，但受喷射压力、冷却不均等问题的影响，这些技术难以实现大范围推广应用，且微通道中的沸腾换热具有一定的复杂性，也没有统一的传热机制，相关研究人员还需进一步加大对这类技术的研究力度。

② 热管冷却能力不足，且借助热管阵列增强散热能力需要支出大量成本。

③ 热电制冷存在制冷量不足和制冷效率低下的问题，难以实现大范围推广应用。从蒸汽压缩制冷的角度上来看，相关研究人员还需进一步优化升级微型压缩机的设计和制造。

④ 相变储热散热的热控能力较强，能够与其他散热方式协同作用。充分发挥自身以及与自身相结合的散热方式的优势，但还需进一步强化相变材料的导热性能。

总而言之，新能源汽车行业在选用芯片散热技术时，需要综合考虑场合、散热条件等多项相关因素，最大限度确保所选散热方式与自身实际情况之间的匹配性，也可以综合运用多种散热技术，通过混合冷却的方式充分发挥各种散热技术的优势，强化对电子芯片温度的控制能力，保障芯片运行的稳定性。

第6章
热管理系统控制策略开发

6.1 纯电动汽车热管理系统控制策略设计　— 096
6.2 热泵型整车热管理系统控制与开发　— 103
6.3 非热泵型整车热管理系统控制策略　— 112

6.1 纯电动汽车热管理系统控制策略设计

6.1.1 热管理系统的管路结构

纯电动汽车热管理系统的职能是多样的，既为整车环境下各系统、设备、零件提供适宜的工作温度，又为座舱内的乘员提供舒适的搭乘体验。热管理系统拥有全场景下的温度调节功能，在高温工况中，可以加快散热降低电池工作温度。在电机启动时，可以适当提高温度使电池温度快速达到工作区间。电机降温的过程，实际就是将电机内的热量通过冷却循环回路转移到电机外的热量交换过程。

在此基础上，经过开发者的设计，当电池温度较低时，热管理系统加热所产生的余热会过渡到座舱中；当环境温度较高时，热管理系统将实现整车范围的制冷效果，保护各部件不发生热过载状况，同时将座舱温度维持在适宜范围。如此的机制不但能够满足全场景的温度需求，延长车辆的使用年限，还能够避免浪费能源，创造经济与环境效益。

热管理系统管路结构如图 6-1 所示，主要包括冷媒管路和水路两个部分，两部分通过换热板块联系在一起，完成热交换过程。压缩机、水电除霜器、PTC 加热器等装置，通过三通阀、四通阀等阀门与管路连接在一起，车内电机产生的热量以冷却介质为载体，在各装置的协作下，完成制热、制冷和余热利用过程。

（1）制热

当环境温度过低时，热管理系统会开始制热过程。

① 压缩机缩小冷媒体积，冷媒凝固，放出热量，这部分放出的热量会通过四通阀进入室内机，再经过膨胀阀转移到室外机，此时，D-E 端口关闭，S-C 端口打开，冷媒会再次通过四通阀进入气液分离器中，形成完整的回路，用于加热外部环境。在该回路外，通过换热板块，这个过程产生的一部分热量会转移到电池包，转移热量后，冷媒会通过电子膨胀阀、室外机、四通阀回到气液分离器，组成另一条回路。

② PTC 加热器以水为导热媒介，当环境温度过低时，就需要借助 PTC 加热器提高温度。但 PTC 加热器能耗较大，一般情况下不建议开启，而是在综合考虑实际工况与节能减排需求后谨慎选择。PTC 加热器内含有防冻液，经过加热后，防冻液通过补水箱后抵达电池包，另一端通过三通阀与换热板块连接，构成完整回路。另外，防冻液也会流经水电除霜器，通过三通阀的 B1-P1 端口构成另一条回路。水电除霜器主要用于乘员取暖和为前挡风玻璃除雾、除霜。

（2）余热利用

在车辆运行时，电机持续工作产生大量热量，如图 6-1 所示，电机的冷却回路同样有两条，也是通过防冻液转移热量：

① 一条冷却回路依靠水泵泵出防冻液，泵机为防冻液供能，防冻液在电机、电机

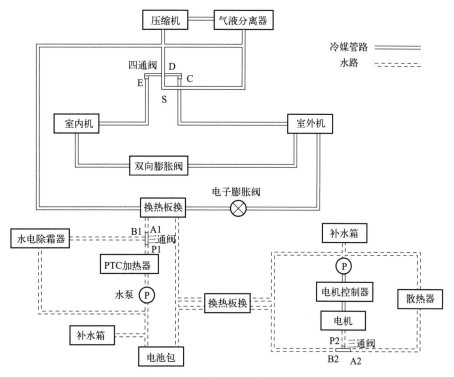

图 6-1 热管理系统管路结构

控制器、三通阀的 A2-P2 之间流动,携带热量后,将热量在散热器处交换到外界,随后流回电机和电机控制器。

② 另一条冷却回路同样由水泵驱动,流经电机和电机控制器,但经过的是三通阀的 B2-P2 端口,到达换热板块,完成的是将电机的多余热量传递到电池的过程。

(3) 制冷

当车辆处于高温工况中,热管理系统需要及时对整车进行降温,此时,压缩机会压缩冷媒进入四通阀,通过四通阀的 D-C 端口到达室外机。冷媒由液态蒸发吸热,随后携带热量经过双向膨胀阀进入室外机,再经过四通阀的 E-S 端口进入气液分离器。

制冷时,室外机中也会有冷媒到达换热板块,吸收热量,降低电池包温度,吸热后的冷媒会流入气液分离器。电池包降温具体是由换热板块、水泵、三通阀 A1-P1 与电池包组成的回路进行的。

6.1.2 CAN 总线网络拓扑结构

热管理系统控制单元与整车处理器的通信是依靠 CAN 总线进行的,总线网络的架构如图 6-2 所示。

一般来说,CAN 总线都是车辆通信的主干线路,由于价格低、传输速度快、集成难度低等优点而使用较广。在 CAN 网络的设计中,CAN 总线是一根串联整车的信息通道,热管理系统的控制单元也与其连通。

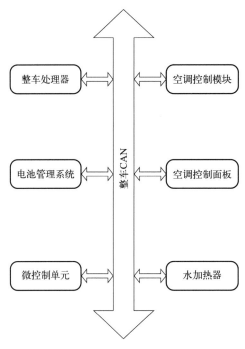

图 6-2 热管理系统 CAN 网络拓扑图

CAN 总线主要搭载的系统与部件有整车处理器，蓄电池管理系统，空调、电机、加热器等的控制模块。各种控制器的信息传输速度一般都为 250Kb/s，按照 J1939 协议的要求搭建通信网络架构。在 J1939 中，对控制器收发报文的细节有着全面详细的规定。

整车处理器不但负责各个系统的控制单元信号的接收，还负责将对应的资源调配给对应的模块，如热管理系统对电池进行加热时，就需要先检测车内温度，再将启动信号和温度信息打包发送给整车处理器。整车处理器结合相关部件的工作状态评估过程是否能够进行，再向这些部件发送信号，完成温度调节过程。

6.1.3 热管理系统上下电流程

控制系统通常有多个控制器，负责不同部件的功能实现，每个控制器的上下电的流程也有不同，与多个系统相关联。如空调控制面板就挂载在 CAN 总线上，与车辆处理器、蓄电池管理系统和空调控制模块进行信息交换，同时，CAN 总线也对空调控制面板传出的信号进行监控。因此，热管理系统的上下电过程涉及 VCU、BMS、ACM 等多个系统，具体如图 6-3 所示。

(1) BMS 上下电

电池管理系统的完整上下电过程如下：

① 汽车启动，车辆上电，CAN 总线将上电信号传输往电池管理系统，然后电池管理系统向外发送高压启动请求信号，以及关机模式与水冷继电器的无效信号；

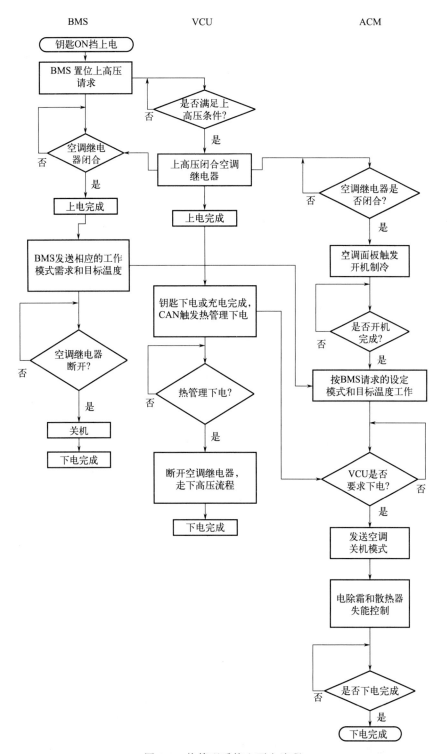

图 6-3 热管理系统上下电流程

② 系统会向整车处理器确认空调继电器的接入状态，如果空调继电器处于断开状态，系统就会持续判断空调继电器是否闭合，直到确认空调继电器闭合，则说明系统上电成功；

③ 系统成功上电后，会将系统的目标工作状态和目标调温效果发送给空调控制器，空调控制器在电池管理系统的信号指导下进行工作；

④ 空调继电器断开后，系统会发出关机信号，电池管理系统进入关机模式，水冷继电器闭合，成功下电。

（2）VCU 上下电

整车处理器（vehicle control unit，VCU）的完整上下电过程如下：

① 当电池管理系统向整车处理器发送高压启动请求信号后，整车处理器会检测车辆各部件是否能完成上高压过程，如果检测不通过，则暂时保留高压启动请求信号，如果检测通过，就会向空调继电器发送闭合信号；

② 空调继电器闭合后，整车成功上电；

③ 当车辆熄火，或车辆完成充电过程后，整车处理器会向热管理系统发送下电请求，再检测热管理系统是否能够完成下电过程，如果通过检测，整车处理器会发送信号断开空调继电器，完成下电。

（3）ACM 上下电

空调控制模块（air cycle machine，ACM）的具体上下电过程如下：

① 整车处理器向外发出指令闭合空调继电器，空调控制模块会连接空调继电器，空调开始制冷；

② 若空调尚未开机，会持续检测开机信号，如果已经接收信号，成功开机后，空调面板会根据电池管理系统的信号开始温度调节过程，将温度置于目标区间；

③ 车辆熄火或完成充电过程后，整车处理器会向外发送下电请求，空调接收信号后，会触发关机过程；

④ 空调进入关机状态后，水电除霜器以及散热器等部件无法立即关闭，暂时处于失能控制状态中，需要等待其完成剩余的工作周期；

⑤ 当空调面板、水电除霜器、散热器都停止工作后，空调控制面板成功下电。

6.1.4 热管理系统的控制策略

（1）车载空调系统控制策略

车载空调控制系统的控制流程如图 6-4 所示。

① 当空调成功上电后，空调控制系统首先进入自动模式，按照关机前上次工作预设的状态进行温度调节，在自动模式下，若车内温度不低于预设温度，空调控制系统会开始制冷，根据目标温度维持合理的压缩机转速。

当车内温度比预设温度低时，空调控制系统会开始制热，同样根据目标温度维持比较合理的压缩机转速，但加热模式下，需要持续检测车内温度，借助散热器适当调节温度，避免热量积压，造成过载损坏，具体过程为：

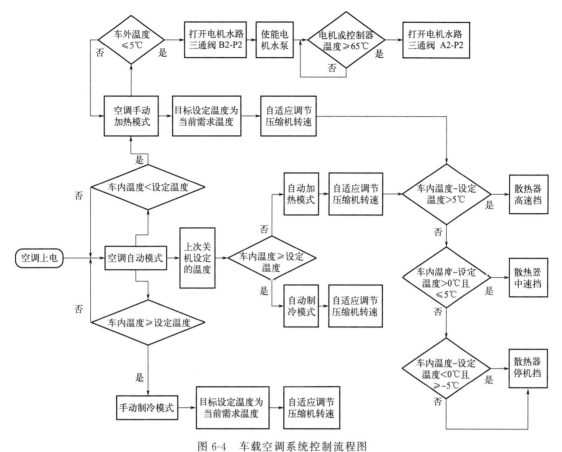

图 6-4 车载空调系统控制流程图

- 当车内温度高于目标温度 5℃ 以上时，散热器以最高挡位运行。
- 当车内温度高于目标温度，但差值不大于 5℃，散热器以中等挡位运行。
- 当车内温度低于目标温度 5℃ 以内时，散热器逐渐停止工作。各挡位的实际转速应根据散热器的额定功率设置。

② 乘员按下按钮后，可以将空调切换到手动挡，在该模式下，若车内温度较高，空调会将手动设定的温度作为目标温度进行温度调节，压缩机维持适宜的转速完成制冷过程。

当空调处于手动制热模式时，若车内温度低于设置的温度，空调压缩机就会根据环境温度设定制热策略。具体当温度设置完成后，压缩机按照自动制热的流程启动并制热。若外界温度较低，低于 5℃ 时，行驶中的车辆的电机会产生大量多余的热，这部分热会在空调打开三通阀后，作为余热过渡到电池或座舱内。当电机与控制器的温度在 65℃ 以上时，三通阀 A2-P2 端口打开，加热水就可以抵达换热板块或电池包。但若外界环境未达到极端寒冷条件，即不低于 5℃ 时，三通阀不会打开。

（2）动力电池热管理控制策略

动力电池热管理系统的控制流程如图 6-5 所示。

① 当电池热管理系统上电后，水路换热板块以及三通阀 A1-B1 将开启，系统会向

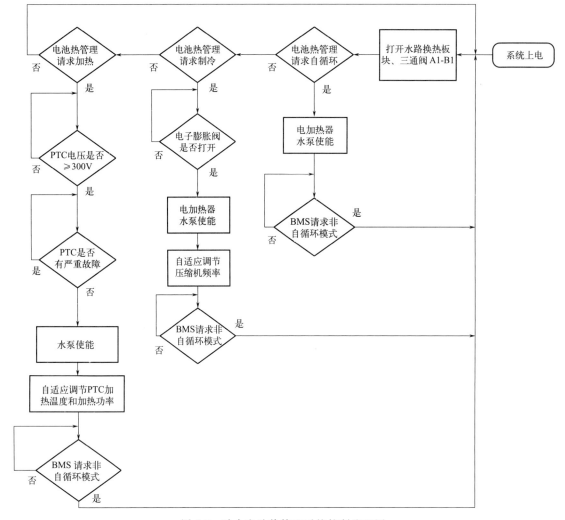

图 6-5 动力电池热管理系统控制流程图

外发出自循环请求。若请求得到响应，系统进入自循环模式，就会使用 PTC 加热器产热、水泵驱动。在自循环过程中，系统会持续检测蓄电池管理系统是否发出非自循环请求，若收到请求，系统就会退出自循环模式，若未收到请求，检测状态将持续到自循环模式关闭。

② 若在上述过程中，检测到电池包温度高于预设温度，系统会发出制冷信号，并确保电子膨胀阀处于开启状态，随后压缩机自动改变压缩频率推动冷媒进入换热板块，完成制冷过程。在这个步骤里，系统会持续检测蓄电池管理系统发出的信号，以随时结束自循环制冷过程。

③ 若电池包温度低于预设温度，系统会发出加热信号。若检测到 PTC 加热器的电压在 300V 以下，且元件无损坏，则启动水泵，根据电池包温度设置 PTC 加热器的目标温度和实际功率，完成加热过程。在这个步骤里，系统仍然会持续检测蓄电池管理系统发出的信号，若接收到目标请求，则退出自循环加热模式。

综上，电池热管理系统具有循环、制热、制冷几种控制模式，能够很好地满足不同工况下的温度调节需求。

6.2 热泵型整车热管理系统控制与开发

6.2.1 热管理系统 V 字形开发流程

近年来，新能源汽车对电池、电机和电控系统的热管理的要求日渐升高，纯电动汽车热管理系统不断升级，现阶段，纯电动汽车大多采用基于全水冷的三电温控系统和乘员舱空调系统紧耦合的整车热管理系统，同时还装载了电机余热回收功能，能够对电机和电控系统的余热进行再利用，同时也能确保热管理系统和乘员舱空调功能上的完整性以及整车热管理系统的安全性和有效性。就目前来看，该系统已经成为纯电动汽车领域广泛应用的非热泵型整车热管理技术方案。

纯电动汽车热管理系统中低温加热热源 PTC 需要耗费大量能源，因此纯电动汽车行驶在低温环境中时会出现续驶里程锐减的问题，各厂商开始通过导入热泵的方式来为处于低温环境中的纯电动汽车提供高效热源，并在全方位综合考虑电机温控、电控系统温控、动力电池温控、乘客舱空调等多项内容的基础上建立整车热管理系统，进一步提高纯电动汽车热管理的效率和节能性。

为了降低低温环境对纯电动汽车的续驶里程的影响，汽车企业根据纯电动汽车的车型和性价比等实际情况为其装配非热泵型整车管理系统或热泵型整车管理系统，提高纯电动汽车热管理的有效性。下面我们首先对热泵型整车热管理系统进行简单分析。

带电机余热回收的热泵型整车热管理系统可以看作核心部分使用 R134a 制冷剂的非热泵型整车热管理系统，能够利用合适的冷源和高效的热源来进行热管理，并通过制定和落实针对三电系统的热管理优化方案的方式来强化整车热管理性能。具体来说，热泵型整车热管理系统如图 6-6 所示。

现阶段，系统开发人员在开发整车热管理系统时大多采用 V 字形开发流程，十分重视顶层设计，同时也会根据整车要求来定义性能和设计系统功能，利用仿真等技术手段来处理零部件匹配选型等工作，充分确保控制系统的功能和性能与台架和整车试验验证互相融合。具体来说，热泵型整车热管理系统 V 字形开发流程如图 6-7 所示。

6.2.2 热管理系统性能指标与分解

与传统燃油汽车的热管理系统相比，纯电动汽车的热管理系统中的各项系统功能主要为电池、电驱动和乘员舱服务，且具有更小的电池温度适应范围和更严格的热管理系

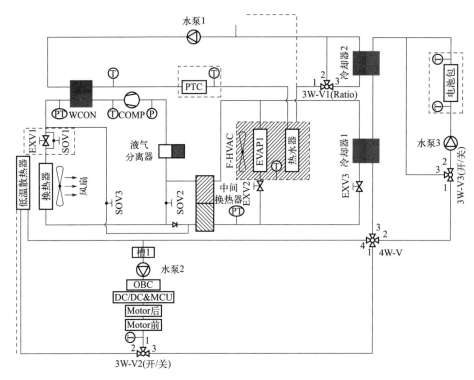

图 6-6 带电机余热回收的热泵型整车热管理系统

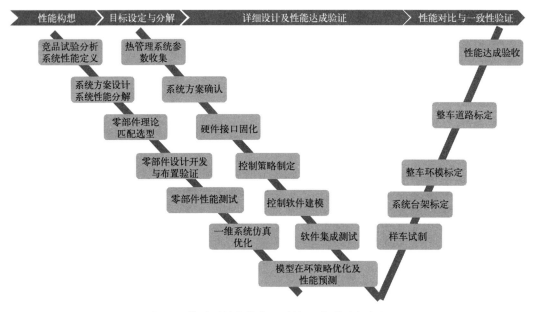

图 6-7 热泵型整车热管理系统 V 字形开发流程

统功能要求。整车热管理系统中通常包含 9 种用于不同的环境温度和车辆行驶状态的基本功能模式，且这 9 种基本功能模式可以根据实际情况组合出至少 30 种组合功能模式，能够充分满足不同车型在各种环境中对热管理的要求。具体来说，热管理系统的基本功能需求如表 6-1 所示。

表 6-1 热管理系统的基本功能需求

序号	功能需求	序号	功能需求
1	电驱动冷却	6	乘员舱冷却
2	电驱动余热利用	7	乘员舱加热
3	电池冷却	8	乘员舱除霜/除雾
4	电池加热	9	室外换热器化霜
5	电池余热利用		

纯电动汽车不仅在整车驱动方式和补能方式方面与传统燃油汽车大不相同，在整车热管理的设计目标和设计工况方面也存在许多不同之处，纯电动汽车的整车热管理的设计目标主要涉及系统热安全指标、热舒适性指标和以电动汽车整车性能测试评价体系（electric vehicle test，EV-TEST）为主的全气候用户使用便利性指标三类指标。具体来说，整车设计考核工况如表 6-2 所示。

表 6-2 整车设计考核工况

分类	考核工况	考核指标
全气候使用便利性	高温快充	快充时间增加率
	低温快充	
	高温续驶	续驶衰减率
	低温续驶	
热安全	高温爬坡	三电系统温度限制
	高温高速行驶	
	高温快充	
	低温爬坡	
	低温高速行驶	
	低温快充	
热舒适性	乘员舱降温	降温速率
	乘员舱采暖	升温速率
	除霜/除雾	除霜/除雾速率
	除湿	除湿效果
	室外换热器化霜	化霜速度
	高温快充＋乘员舱制冷	电池温度与乘员舱温度

在以上各项工况当中，全天候使用便利性的 4 项指标能够反映车型的竞争力，影响用户的体验评价；热安全和热舒适性中的各项内容则均为必达目标。对纯电动汽车来说，若要确保整车热管理系统在性能方面的协调性，就必须对这三类性能目标进行综合考量。

纯电动汽车整车热管理系统的整车性能可以分解为多个子系统和零部件，相关工作人员可以通过对全气候使用便利性、整车热安全和热舒适性等整车性能的分解找出影响性能达成的各项因素。性能分解思路如图 6-8 所示。

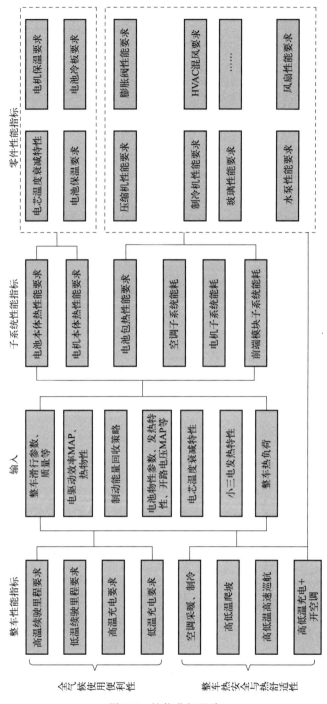

图 6-8 性能分解思路

低温续驶里程衰减率的计算主要涉及以下两方面内容：一方面，相关工作人员需要掌握符合电池包定义的浸车终止温度、续驶时平衡温度、电驱动系统余热可利用量、低温放电性能、低温续驶里程衰减率要求和低温续驶工况下的乘员舱负荷等相关数据信息；另一方面，相关工作人员需要根据以上各项相关数据信息计算出电池包的初步保温要求、电驱动系统的初步保温要求、压缩机的能耗要求、低压附件的能耗要求和空调系统的低温能效比要求。

高温续驶里程衰减率的计算主要涉及以下两方面内容：一方面，相关工作人员需要掌握电池包高温放电性能、高温续驶里程衰减率要求、高温续驶工况下的乘员舱热负荷等相关数据信息，另一方面，相关工作人员需要利用这些相关数据信息计算出压缩机的能耗要求、低压附件的能耗要求和空调系统的高温能效比要求。

低温快充时间延长率的计算主要涉及以下两方面内容，一方面，相关工作人员需要掌握电池包初步保温要求、整车充电策略、低温快充时间增长率要求等相关数据信息；另一方面，相关工作人员需要利用这些相关数据信息计算出电池包浸车后的初始温度和快充状态下的电池包的加热功率要求。

高温快充时间延长率的计算主要涉及以下两方面内容：一方面，相关工作人员需要掌握电池包的初步保温要求、整车充电策略、高温快充时间增加率要求等相关数据信息，另一方面，相关工作人员需要利用这些信息计算出电池包浸车后的初始温度和快充状态下的电池包的冷却功率要求。

热平衡考核工况和空调性能考核工况的计算主要涉及以下两方面内容：一方面，相关工作人员需要掌握制冷剂状态、进风量要求、水流量要求、前端模块进风量仿真、流阻仿真以及不同工况下的电池包、电驱动系统和乘员舱的冷热负荷等相关数据信息；另一方面，相关工作人员需要利用这些相关数据信息计算出压缩机选型要求、换热器的散热能力选型要求、风扇的风阻选型要求、前端换热器的风阻选型要求、水泵性能的水阻选型要求、换热器的水阻选型要求、关键散热器的散热量、制冷剂阀选型要求以及空调箱内蒸发器、暖风芯体和鼓风机等设备的选型要求。

6.2.3 热管理系统仿真预测与控制

（1）热管理系统仿真预测

系统仿真预测的每个阶段都具有相应的仿真目的，各个模型的复杂度也会随着系统开发进度而变化，同时仿真精度也随之不断提高。系统开发与仿真目的如图6-9所示。

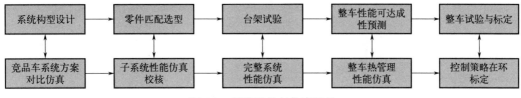

图6-9 系统开发与仿真目的

从系统的各个开发阶段上来看，在概念设计阶段，相关开发人员需要在零部件匹配选型的基础上对各个子系统的性能进行仿真校核；在详细设计阶段，纯电动汽车热管理系统通常具有耦合性强的特点，相关开发人员需要在合理应用相关控制策略的基础上对各个系统进行联合建模，并对整车性能进行可达成性验证。整车热管理系统仿真模型如图6-10所示。

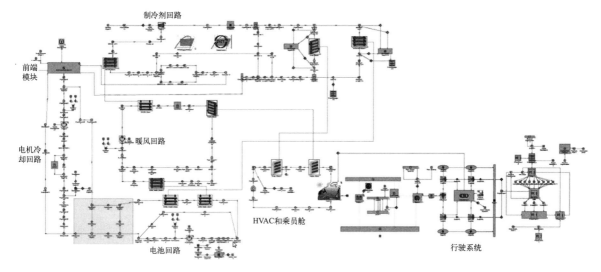

图 6-10 整车热管理系统仿真模型

系统开发人员应充分发挥仿真预测的作用,针对整车的热安全、舒适性和高低温续驶里程等各项相关设计要求开展预测工作,以便在实车试验前期掌握车辆各项性能的可达成情况。具体来说,在低温续驶工况下,压缩机功耗与非热泵型整车热管理系统相比大幅降低,为车辆在低温环境中实现更高的续驶里程提供了强有力的支持,低温续驶工况下的电池 SOC 和压缩机功耗如图 6-11 所示。

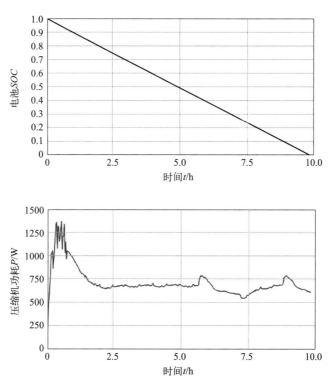

图 6-11 低温续驶工况下的电池 SOC 和压缩机功耗

除此之外，相关工作人员若要对控制参数进行进一步标定，还需以耦合仿真的方式对物理模型和 Matlab-Simulink 控制模型进行相应的处理。

(2) 整车热管理控制系统

① 控制系统硬件配置

动力域控制器中具有各项基于整车功能规范的热管理控制软件，车身域控制器中具有各项乘员舱自动空调的控制软件，纯电动汽车可以使用这些控制软件来进行整车热管理和自动空调控制，不再依赖于各项独立的相关控制器硬件。整车热管理控制系统的硬件配置如图 6-12 所示。

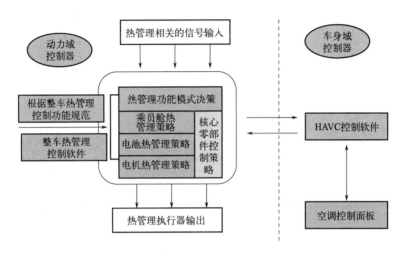

图 6-12　整车热管理控制系统的硬件配置

② 控制系统软件架构

热管理系统控制软件可以在符合整车热管理控制功能规范的基础上对电池热管理回路、乘客舱空调回路和电驱动热管理回路的运行情况进行控制，并从这三个回路的各项实际需求出发来确定控制系统软件的热管理功能模式。

从系统运行方面来看，整车热管理系统需要接收来源于 BMS 的电池热管理请求信息、来源于空调制冷开关（air condition，AC）的乘客舱需求信息和来源于电驱动系统的热管理请求信息，掌握车辆的车速、充电状态和环境温度等各项相关辅助信号，并在此基础上对车辆当前的热管理功能模式状态进行判定，同时向各个受控零部件传输相应的控制信息，以便控制各项零部件执行控制策略，确保车辆能够应用自身所需的热管理功能模式。

具体来说，整车热管理系统主要可分为四层，其中，第一层是热管理软件主体，第二层包含信号处理模块、模式状态控制模块、水系统的控制和诊断软件模块以及制冷剂系统的控制和诊断软件模块，第三层中主要涉及第二层的各项细节策略，第四层主要包含传感器和执行器诊断软件模块中的各项执行器零部件的诊断程序。整车热管理系统的软件架构如图 6-13 所示。

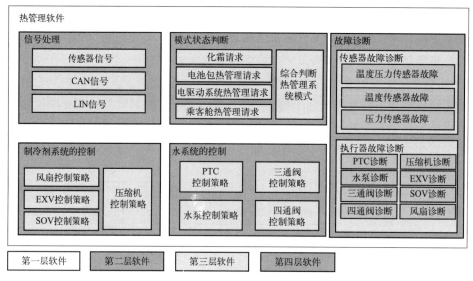

图 6-13 整车热管理系统的软件架构
（EXV：电子膨胀阀；SOV：电磁控制阀）

6.2.4 热管理系统标定与试验技术

（1）台架标定和试验验证

从开发过程上来看，相关工作人员需要先依次完成对整车热管理系统的热泵性能台架验证、环模标定和道路标定工作，再判断整车高低温性能，衡量整车热管理性能的达标情况。

制冷剂系统的制冷性能标定测试和制热性能标定测试是整个台架标定过程中的重要环节，也是支撑整车热管理系统实现高效稳定运行的关键。对热泵型整车热管理系统来说，可以通过增加水回路的方式来对各项功能进行有效验证。热泵型整车热管理系统台架示意如图 6-14 所示。

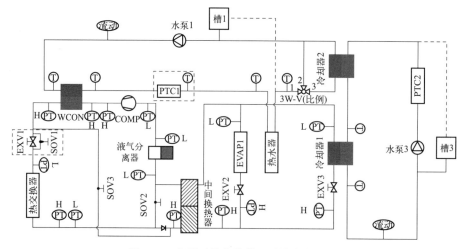

图 6-14 热泵型整车热管理系统台架示意

系统开发人员可以利用热泵性能台架提高整车热管理系统性能的验证速度，同时初步标定压缩机转速、膨胀阀开度和阀前过冷度等各项相关物理量，并在此基础上进一步明确处于热泵模式的整车热管理系统的制热量和制热能效比，充分确保这两项参数能够达到相关设计要求。热泵性能台架部分工况标定如表 6-3 所示。

表 6-3 热泵性能台架部分工况标定

压缩机	阀前过冷度	室外换热器		水冷凝器		暖风芯体		水侧制热性能	
转速 /(r·min^{-1})	SC/℃	进风温度 /℃	迎面风速 /(m·s^{-1})	水流量 /(L·min^{-1})	进水温度 /℃	风量 /(m³·h^{-1})	进风温度 /℃	制热量 /kW	COP
5500	10～15	7	2.5	10	自平衡	330	1.1	3.006	1.76
2500	10～15	−7	2	10	自平衡	150	1.1	1.523	1.98

（2）环模和试验验证

在整车热管理系统性能的实车验证过程中，系统开发相关工作人员需要先检查各项零部件的状态和车辆的气密性，保证整车状态能够达到各项相关设计要求，再完成最大降温、最大升温、标定量线性扫描标定和整车使用工况下的热管理系统能耗标定等各项整车热管理系统环模标定工作，最后还要进一步标定并验证乘员舱升温策略、乘员舱降温策略、电池包加热策略、电池包冷却策略、除霜除雾策略、电池乘员舱同时加热策略和电池乘员舱同时制冷策略等各项相关策略。整车环模标定部分工况如表 6-4 所示。

表 6-4 整车环模标定部分工况

项目	具体工作	环境
制热工况下空调各目标值参数标定	压缩机目标高压控制 PID 参数标定	−5℃
	压缩机目标高压控制 PID 参数标定	−10℃
	WCON 出口侧目标过冷度 PID 参数标定	−10℃
	暖风芯体目标水温 DHT_HeatPump 参数标定	5℃
	暖风芯体目标水温 DHT_HeatPump 参数标定	−10℃
	暖风芯体目标水温 DHT_PTC 参数标定	−18℃
	电池加热 DCT_PTC 参数标定	−10℃
乘员舱升温标定	依据企业标准测试乘员舱内的温升曲线，确保乘员舱温升满足要求	−20℃
低温续驶里程衰减率测试	参考 EV-test 对整车低温续驶里程进行验证，并优化热管理控制策略	−7℃
高温续驶里程衰减率测试	参考 EV-test 对整车高温续驶里程进行验证，并优化热管理控制策略	35℃
低温快充试验延长率测试	参考 EV-test 对整车低温快充时间进行验证，并优化热管理控制策略	−10℃
高温快充试验延长率测试	对整车高温快充时间进行验证，并优化热管理控制策略	40℃

（3）路试标定和试验验证

为了保证整车热管理系统能够充分满足各类用户的使用要求，系统开发相关工作人员还需在已完成环模验证的基础上对系统在寒区、热区、春季道路、秋季道路等不同环境中的适应性进行标定。从实际试验情况上来看，大部分国内车企通常在夏季的吐鲁番开展热区试验，在冬季的黑河和漠河等地区开展寒区试验，但各个车企在开展春季和秋季标定工作时所选择的地区则存在一定的差异。

具体来说，纯电动汽车的整车热管理系统的开发呈现出以下两项特征：

① 汽车行业需要掌握以 V 字形开发流程为基础的各项开发技术，并将这些技术应用到纯电动汽车整车热管理系统的开发实践过程中，同时进一步对各项相关开发技术进行优化完善。

② 整车热管理系统不仅要达成与系统本身相关的各项性能指标，还应符合电池系统、电机系统和电控系统的各项核心零部件的相关要求，并为优化电池系统和电机系统的各项热管理性能提供强有力的支持。

一般来说，主机厂和系统供应商是整车热管理系统开发的主要力量，且系统供应商能够进行系统集成，在整个开发过程中发挥着不可忽视的作用。近年来，整车热管理系统的耦合性、集成性和智能性大幅提高，系统开发方面也开始发生变化。未来，主机厂将会在系统集成方面发挥主要作用，并不断加大对 V 字形开发流程中涉及系统集成的各项开发技术的研究力度，积极推进各项高性价比目标的实现，同时各个供应商也会与主机厂进行协作，为系统开发工作提供各类高性能的核心零部件，进而支持汽车行业实现开发具有高效性强和可靠性高等优势的纯电动汽车整车热管理系统的目的。

6.3 非热泵型整车热管理系统控制策略

6.3.1 整车热管理控制系统开发

近年来，纯电动汽车的应用越来越广泛，各类影响车辆正常使用的问题也日渐凸显，环境温度对车辆续驶能力的影响已经成为限制纯电动汽车普及应用的一项重要问题。纯电动汽车的动力总成系统主要由电机、充电机、控制器和动力电池等设备构成，具有工作温度范围小、工作性能易受温度影响等特点。当环境温度不在工作温度范围之内时，电池的容量和使用寿命以及电机工作效率均会受到影响。由此可见，为了确保车辆正常运行，热管理系统需要加强对电池温度的控制，防止出现电池温度低于或超出工作温度范围的情况。

就目前来看，大多数纯电动汽车热管理系统使用 PTC 水加热器或热泵系统来满足乘员舱和电池包在热管理方面的各项需求。具体来说，PTC 存在能源消耗量大等不足之处，过高的能耗会导致车辆续驶里程大幅缩减，进而对用户的出行造成不便；热泵系统存在成本高等不足之处，难以大规模普及应用，因此纯电动汽车需要进一步提高整车热管理系统能量管理的精细化程度。

在低温环境中，整车热管理系统需要先检测电机出口水温，并在该温度达到某一特定条件后收集电机余热,借助这部分热量来提升冷却液温度,利用板式换热器来提升电池回路的温度,进而达到提高电池温度的效果,确保电池在低温环境中也能够稳定放电,增强电动汽车在低温环境中的续驶能力。

在低温环境中,非热泵型整车热管理系统可用于借助 PTC 加热乘员舱以及联通处于运行状态的车辆中的电池、电驱系统和空调的水回路。纯电动汽车可以利用非热泵型整车热管理系统来回收电机余热进行再利用,并实现电池包加热、乘员舱智能温控和电池智能温控等诸多功能。带电机余热回收的非热泵型整车热管理系统如图 6-15 所示。

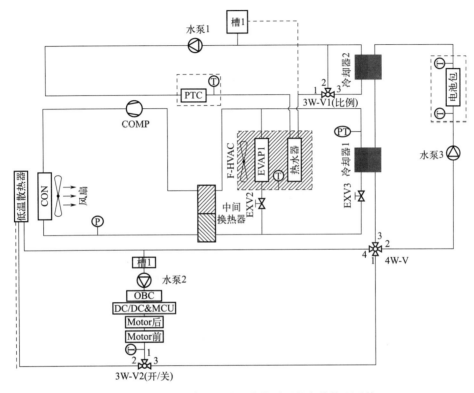

图 6-15 带电机余热回收的非热泵型整车热管理系统

带电机余热回收的非热泵型整车热管理系统具有电池能量转化功能,能够支持电池能量向用户所需的动力经济性目标转化,从而充分满足用户对电池、电机、电控系统和乘员舱的加热需求和冷却需求。不仅如此,该系统还能够确保电池、电机和电控系统在高温环境中的安全性,且具备管理回路简单、控热系统实现难度低、总成本低等诸多优势。

(1)整车热管理控制系统功能模式

现阶段,汽车行业在开发汽车控制系统的过程中通常以模型设计为基础,且大多采用 V 字形开发流程。使用这种开发方式需要在装车前完成模型在环测试和硬件在环测试验证工作,减轻相关工作人员在装车后的标定和测试方面的工作压力,能够有效提高系统开发效率,是汽车领域应用较为广泛的一种控制系统开发方式。

纯电动汽车整车热管理控制系统应具备多种热管理功能,如乘员舱除湿、乘员舱制热、乘员舱制冷、电池包制热、电池包制冷和电机余热再利用等。在整车热管理控制系统的功能开发过程中，相关开发人员需要掌握整车使用状态、环境温度等各项相关信息，并根据这些信息进一步把握热管理功能需求，在确保该系统可实现各项基本功能的前提下对控制细节进行优化完善，同时提高系统功能模式切换的合理性、灵活性和流畅性，确保系统中的各项零部件均可正常工作。整车热管理系统的功能模式如表 6-5 所示。

表 6-5 整车热管理系统的功能模式

序号	环境温度	整车工况	功能模式
1	低温	快充	电池不加热—乘员舱制热（PTC）
2			电池加热（PTC）—乘员舱不制热
3			电池加热（PTC）—乘员舱制热（PTC）
4		行驶	电池不加热—乘员舱制热（PTC）—电机蓄热
5			电池加热（PTC）—乘员舱不制热—电机蓄热
6			电池加热（余热）—乘员舱不制热—电机余热利用
7			电池加热（PTC）—乘员舱制热（PTC）—电机蓄热
8			电池加热（余热）—乘员舱制热（PTC）—电机余热利用
9	高温	快充	电池不冷却—乘员舱制冷
10			电池冷却—乘员舱不制冷
11			电池冷却—乘员舱制冷
12		行驶	电池不冷却—乘员舱制冷—电机散热
13			电池冷却—乘员舱关闭—电机散热
14			电池冷却—乘员舱制冷—电机散热
15	常温	行驶	电池不冷却—乘员舱空调关闭—电机散热
16	常温	快充	电池不冷却—乘员舱空调关闭—电机散热
17	—	—	除湿

一般来说，在热管理控制系统落地应用之前，相关开发人员还需完成电气架构开发、软件开发、软件测试等工作。

（2）整车热管理控制系统电气架构

TTC200 是一种可用于整车热管理控制系统开发的热管理控制器，能够广泛采集车辆的各项相关信息，如传感器信息、空调系统信息、电池系统信息、微控制单元信息、整车处理器信息等，并利用相关算法对这些信息进行处理，实现对热管理系统中的各项零部件的有效控制，确保系统能够正常运行。

① 传感器：TTC200 等热管理控制器可以通过传感器设备获取不同工况下的相关信息，并以电信号的形式将这些信息传输到热管理控制系统当中，以便实现对电池、乘员舱和电机温度的有效控制。

② 执行器：在整车热管理控制系统中，执行器指的是水泵、三通阀、四通阀、电磁阀、压缩机和 PTC 等设备，TTC200 等热管理控制器的应用能够提高各项执行器工

作的稳定性和可靠性。

③ 控制器局域网总线（CAN）通信：TTC200等热管理控制器能够采集蓄电池管理系统中的电池温度信息、MCU中的电机出口水温信号以及VCU中的车速信号和请求允许信号，并利用这些信息和信号支撑整车热管理控制系统通过CAN进行信息通信。

6.3.2 控制系统软件开发与测试

在开发和测试整车热管理控制系统中的各项控制软件的过程中，相关工作人员需要严格按照热管理控制算法来处理各项传感器信号，提高执行器工作的稳定性，并在此基础上进一步强化整车热管理控制系统的性能和各项功能，如电池制热、乘员舱制热、电池制冷、乘员舱制冷、乘员舱除湿、电机余热再利用等功能。

从实际操作上来看，相关工作人员应充分发挥基于模型的设计方法的作用，并将Matlab和Simulink作为控制系统软件开发平台，展开各项模型设计和测试工作，同时也要将各项软件功能编译成C代码，并利用文件刷写技术来对S19文件进行处理，以便进一步发挥TTC200热管理控制器的作用，最后还要在此基础上针对模型制定硬件在环测试方案，完成硬件测试，再逐步推进各项实车策略验证工作和实车环模低温续驶试验。

TTC200热管理控制器的价格较高，在量产阶段，汽车行业还需使用性价比更高的热管理控制器，以减少成本支出。

（1）功能模块设计

整车热管理控制系统的功能模块可分为模式判定功能模块、制热控制功能模块和制冷控制功能模块三种类型，在功能模块设计环节，相关设计人员需要参考整车热管理需求分析结果等相关信息。

① 模式判定功能模块可以接收空调请求信号和电池温度信号，同时据此判定并以智能化的方式控制热管理系统的工作模式。

② 制热控制功能模块可以接收模式判定信号，并根据这些信号和来源于系统的制热请求对三通阀的开度、四通阀的开度、PTC的功率等进行调控，进而实现对电池温度和乘员舱温度的有效控制，达到防止电池温度超出其最佳工作温度范围和提高乘员舱的舒适性的效果。

③ 制冷控制功能模块可以接收模式判定信号，并根据这些信号和来源于系统的制冷请求对三通阀的开度、四通阀的开度、膨胀阀的开度、电池阀开关等进行调控，进而实现对乘员舱温度和电池温度的智能化控制，从而避免电池温度超出其最佳工作温度范围，并进一步提升乘员舱的舒适度。

（2）电机余热控制策略

当电动汽车行驶于低温环境中时，若电机出口水温比电池包的温度高，那么热管理系统可以收集电机余热，并利用这部分热量来提高电池包温度，防止电池性能受到低温的影响。具体来说，电机余热利用主要包含以下两项内容：

① 若电机出口水温较低，热管理系统将调控三通阀开度，并储存起电机回路中多

余的热能。

② 若电机出口水温符合余热利用要求，热管理系统将调控三通阀和四通阀的开度，并利用电机余热来提高电池温度。

（3）CAN报文、传感器信号解析

CAN总线通信协议是热管理系统中的各个控制器实现信息通信的重要支撑，各类控制器需要借助CAN总线接收传感器信号，并对这些信号进行解析，也要利用From、Goto模块来将经过解析处理的传感器信号传输到与之对应的功能模块当中，以便有效控制各个功能模块，实现各项功能。

在对传感器信号进行解析的过程中，电动汽车领域的相关研究人员需要明确传感器类型，并据此选择相应的引脚定义，同时还要采用不同的解析方式来对各项信号进行处理，以便掌握温度和压力值等数据信息，并在此基础上完成模型设计工作。传感器信号解析如图6-16所示。

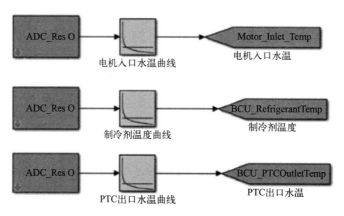

图6-16 传感器信号解析

（4）控制策略单元测试

电动汽车领域的相关研究人员需要先测试电机余热请求模型，再在确保其准确性的基础上进行模型集成。具体来说，电机余热请求模型功能测试的信号注释如表6-6所示。

表6-6 信号注释

英文信号	中文注释
HEAT_WORKMOE	制热模式信号
Motor_OutletCoolant_Temp	电机出口水温
Battery_InletCoolant_Temp	电池包入口水温
Battery_WasteHeatResq	电池余热利用请求信号
Cabin_WasteHeatResq	乘员舱余热请求信号
Pre_Status	电池低温下请求信号
Battery_Temp	电池包平均温度

在完成模型测试工作后，电动汽车行业的相关研究人员还需进一步分析模型测试结果。电机余热请求功能测试结果如表6-7所示。

表 6-7 电机余热请求功能测试结果

时间 t/s	电机余热请求信号	电机余热条件	测试结果
$0 \leqslant t < 10$	0	电池没有加热请求	Pass（通过）
$10 \leqslant t < 20$	0	电池极低温请求信号为1	Pass
$20 \leqslant t < 50$	1	满足电机余热利用条件	Pass
$50 \leqslant t < 100$	0	电机出口水温＜电池温度	Pass
$100 \leqslant t < 120$	1	满足电机余热利用条件	Pass
$120 \leqslant t < 200$	0	电机出口水温＜电池温度	Pass

6.3.3 控制系统测试与环模试验

（1）模型在环测试

在热管理系统模型在环仿真测试环节，相关研究人员需要充分掌握整车热管理系统原理图中的各项信息，并据此建立由乘员舱、电池回路、空调回路、控制模块、电驱动回路、前舱散热回路、整车行驶模块和PTC加热回路等构成的GT-Suite仿真模型，同时也要充分发挥智能温控控制策略的作用。热管理系统模型在环仿真模型如图6-17所示。

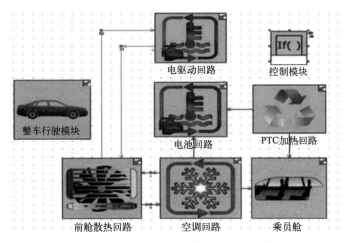

图 6-17　热管理系统模型在环仿真模型

从仿真试验的结果上来看，当电动汽车处于-7℃的低温环境中且车速达到CLTC-P工况时，充分利用电机余热能够有效提高电动汽车在低温环境中的续驶能力。

（2）硬件在环测试

在热管理系统模型硬件在环测试过程中，相关研究人员可以利用dSPACE硬件在环系统来对热管理系统中的各项零部件的运行情况进行模拟，以便全方位、系统化地测试热管理控制器，确保整车热管理的有效性。硬件在环测试如图6-18所示。

当热管理系统采用乘员舱与电池混合制热模式时，对其进行硬件在环测试将会得到以下两项测试结果：

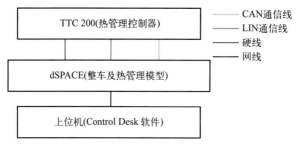

图 6-18 硬件在环测试

- 电池加热：当电机出口水温符合电机余热利用条件时，热管理系统可以根据实际情况对电机回路中的四通阀进行调控，并利用电机余热来提升电池温度。
- 乘员舱加热：热管理系统可以参照 PTC 功率来确定乘员舱目标水温与实际水温之间的温差，并在此基础上利用 PTC 来提升乘员舱温度。

(3) 环模试验结果分析

电动汽车领域的相关研究人员需要通过实车环模试验来对控制策略的应用效果进行验证。从试验结果上来看，当电动汽车处于-7℃的低温环境中且车速达到 CLTC-P 工况时，具备电机余热回收等功能的整车热管理系统能够有效增强车辆的续驶能力，提升车辆在低温环境中的续驶里程。

根据试验可知，与未利用电机余热的电动汽车相比，利用电机余热的电动汽车的电池温升更大，能够有效缓解动力电池在低温环境中的容量衰减问题，提高车辆在低温环境中的续驶能力。低温续驶改善结果如表 6-8 所示。

表 6-8 低温续驶改善结果

项目	改善结果
电池温升改善	2℃→12℃
低温续驶里程改善	7.3%

第 7 章
热管理系统建模仿真及优化

7.1 EV 热管理动态仿真及控制优化 —120
7.2 HEV 整车热管理系统建模与仿真 —126
7.3 FCV 整车热管理系统方案设计及仿真 —134

7.1 EV 热管理动态仿真及控制优化

7.1.1 热管理系统的三种形式

化石能源属于不可再生能源,人类的生产和消费活动则需要不断地消耗化石能源,与此同时,生态环境方面存在的问题也日益凸显。为了防止能源的过度消耗,对生态环境做出改善,需要寻找新的能源,在这样的背景下新能源汽车受到越来越多的关注。新能源汽车在技术上取得了快速进步,市场规模也逐步扩大。

依据动力类型,新能源汽车可分为纯电动、油电混动、燃料电池驱动等不同的种类,其中纯电动汽车在整个新能源汽车市场中占比最高,在商业上最为成熟。特斯拉公司的 Model S、Model X 等车型是有着较高知名度和代表性的纯电动汽车型,雪佛兰、宝马等传统燃油汽车企业积极拥抱新能源汽车的趋势,分别推出了纯电动汽车型雪佛兰 BoltEV 和宝马 i3。

国内高度重视新能源汽车产业的发展,出台了相关的政策,并对新能源汽车的生产和销售给予补贴。在政府的大力支持下,新能源汽车行业成为了热门行业,出现了一批新的生产厂商。续驶能力是电动汽车的重要评价指标,目前国产电动汽车型的续驶里程处在 200~300km 这一区间内,而特斯拉所生产电动汽车型的续驶里程在 500~600km,可见国产电动汽车型的续驶能力还可以实现较大幅度的提升。

电动汽车的续驶里程,在很大程度上取决于其热管理系统的工作性能。如果热管理系统具备良好的性能,同时与电动汽车之间有着较好的适配性,那么它将在多个方面产生积极影响,可以保持电池包的工作温度处在正常的范围内,防止电池过热威胁汽车安全,还能够分别在冬夏两季改善 PTC 和空调的运行状况,通过降低能耗延长电动汽车的续驶里程。

新能源汽车的热管理系统形式如图 7-1 所示,整个结构由空调回路、电机散热回路、电池包散热回路三部分组成。整车热管理系统的仿真需要兼顾三个组成部分,充分考虑各部分的换热情况。热管理系统要用到制冷剂,在空调回路和电池包散热回路之间,需要进行制冷剂流量的合理分配,这关系到热管理系统的运行状况,制冷剂的分配由两回路组成的耦合系统来负责。

7.1.2 整车热管理仿真模型

参考新能源汽车结构,依照图 7-1 所示的整车热管理系统形式,运用 Dymola 仿真软件(包括 Dymola 中的商业库 Air Conditioning 库以及汽车动力学库 VeSyMA 库),可以构建起电动汽车带控制策略的整车热管理仿真模型。

(1)汽车动力模型

汽车动力模型是整车热管理模型的组成部分,这一模型中包括车身重量、车体结

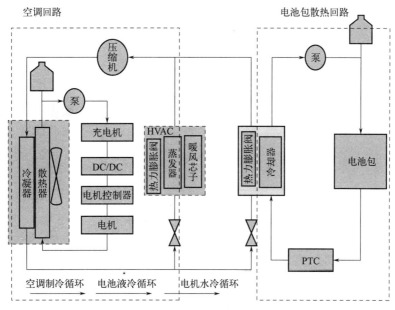

图 7-1 热管理系统形式

构、迎风阻力等一系列涉及车身的仿真参数,此外通过模型可对驾驶员驾驶状况做出设置。动力模型从行车动力学的层面出发,显示电动汽车的相关情况,借助动力模型展开计算,得到车辆的行驶里程和电量消耗等主要参数。

汽车动力模型如图 7-2 所示。汽车动力模型在 VeSyMA 库中汽车动力模型的基础上做出了更改,增加了电机温度交互接口、电池包温度及电流接口和热管理系统耗电量接口三个交互接口,通过这三个接口实现了与汽车热管理系统模型之间的交互和相互耦合,由此可以计算电动汽车热管理系统运行所产生的功耗将在多大程度上影响续驶里程,同时还能够以动力模型中的电机和电池温度作为参照,研究热管理系统的散热作用。

(2) 整车热管理仿真模型

整车热管理模型中包含多个部件,要对各部件之间存在的耦合关系作出充分考虑。电动汽车的热管理系统由电机散热回路、空调回路、电池包回路组成,相应的,整车热管理模型中包含与这三个部分对应的模型。此外,整车热管理模型中还配备有一些逻辑处理单元,它们对模型计算起到辅助作用。

在热管理模型中,控制器掌握着被控对象接口的使用权,通过这些接口可以控制水泵和风扇的转速以及阀门的开关。动力模型需要接收关于电池包温度的反馈,这也要用到一个接口,这个接口会对动力模型中电池包的性能输出产生影响。电机散热回路模型中留有一个接口,用来与动力模型中的电机之间建立耦合关系,由此可以显示热管理系统对电机的散热效果。

(3) 热管理系统控制策略模型

Simulink 是一种可视化仿真工具,Simulink 控制模型运用 FMI(functional mock-up interface,功能模拟接口)生成了 FMU(functional mock-up unit,功能模拟单元)模型,并将模型导入到 Dymola 环境中。这一模型与整车模型之间建立起协同关系,实

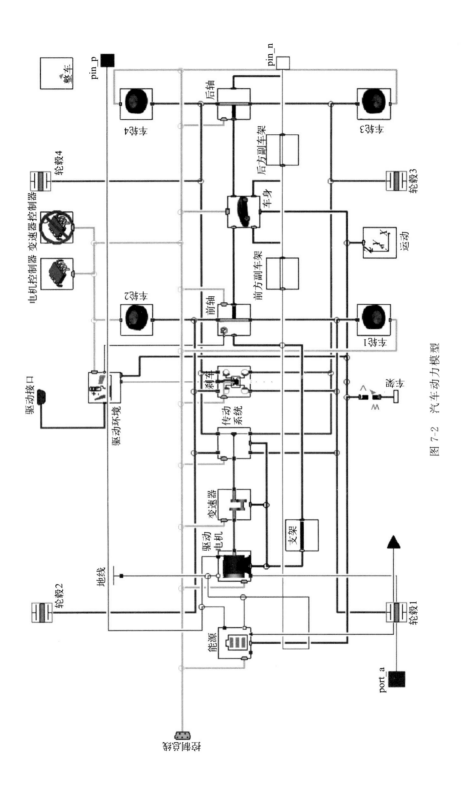

图 7-2 汽车动力模型

现协同仿真，开展 MIL（model in loop，模型在环）测试，测试研究的问题包括控制策略能够在多大程度上与热管理系统之间实现匹配，以及根据路况的不同整车热管理系统会呈现出怎样的运行状况。下面，我们将介绍控制器模型所遵循的控制逻辑。

热管理控制器模型包含 18 个量，其中有 13 个输入量和 5 个输出量，其所用接口和所表示含义如表 7-1 所示。传感器会收集汽车各部件的温度状况，包括电机、OBC 车载充电器、DC/DC 直流转换器等部件，由温度信号可以获悉部件的工作状态，而后通过 CAN 线将工作状态传递给热管理控制器，热管理系统将借助水泵、风扇、压缩机等实施温度调节，避免温度影响系统的正常运行。

表 7-1 热管理控制 Simulink 模型接口含义

类型	接口		含义
输入	输入 1	MCU_MotorTemp	电机温度
	输入 2	MCU_InverterTemp	逆变器温度
	输入 3	DCDC_Temperature	DC/DC 温度
	输入 4	OBC_Temperature	OBC 温度
	输入 5	MotPump_checkState	电机回路水泵自检状态
	输入 6	Cond_pressure	冷凝器压力
	输入 7	AC_eComp_status	压缩机启动状态
	输入 8	BMS_BattTempMax	电池包最高温度
	输入 9	BMS_TempMin	电池包最低温度
	输入 10	VCM_HV_Permission	整车高压检测许可状态
	输入 11	WaterInTemp	电池包冷却液入口温度
	输入 12	VCM_PowerDownWarning	功率限制模式标识
	输入 13	Vehicle_state	汽车驾驶模式
输出	输出 1	Fan_enum	冷却风扇运行挡位
	输出 2	MotPump_enum	电机回路水泵运行挡位
	输出 3	VCM_eComp_Request	电池包对压缩机的需求状态
	输出 4	Batt_Pump_enum	电池包回路水泵运行挡位
	输出 5	PTC_enable	PTC 启动状态

7.1.3 控制策略及算法优化

热管理系统的运行性能一定程度上取决于其控制策略中所包含的关键参数阈值。将仿真模型和控制策略结合起来，建立联合模型，对控制策略实行 MIL 测试，探究控制策略对热管理系统产生的影响，同时得到热管理系统的真实运行状况。

通过进行联合仿真，能够判断出哪些控制策略有调节程度和频率上的问题，即存在过度频繁调节的情况，并根据仿真结果设置更加合理的控制策略的阈值。此外，对冷凝风扇的挡位可以作出更加细致的划分，让风扇在使用时能够更加切合实际需要，提高控制精度，实现更加精准有效的热管理。

整车热管理模型可被用于实施整体系统仿真，在仿真中设置不同的控制算法作为变量，以 NEDC（新欧洲驾驶循环工况）这一续驶测试标准作为统一工况，比较整车热管理系统的工作状态和驾驶里程数在不同算法下呈现出的变化。现有 Case1 和 Case2 两种热管理控制策略，对它们的判断值和挡位控制策略作出优化会改变其汽车热管理行驶状态，下面对这种变化进行了一番比较。

联合模型在 Case1 和 Case2 两种控制策略下的仿真情况如图 7-3 所示。两种策略下电池包 SOC 的变化曲线如图 7-3（a）所示，NEDC 工况如图 7-3（b）所示，两种策略下，电机温度以及电池包最低最高温度随时间推移的变化情况分别如图 7-3（c）和图 7-3（d）所示。

据图 7-3（a），相较于使用控制策略 Case1，使用 Case2 这一控制策略能够在 3000s 的时间内保留更多的电池电量，因为 Case2 能够使热管理系统以更合理的方式运行，从而降低系统功耗，保存更多的电池电量。Case1 和 Case2 两种控制策略的热管理系统功耗情况如图 7-3（e）所示，由图中可见 Case2 下的耗功量更低。

据图 7-3（c）和图 7-3（d），采用 Case1 和 Case2 两种控制策略，被控对象的温度并没有呈现出很大的差异，不过 Case2 设置的温度阈值较 Case1 更高，这就决定了当控制进入稳定阶段后，Case2 下的被控对象温度更高，但并未超出正常范围。

两种控制策略的电机回路流量信号变化情况如图 7-3（f）所示，由图可见，Case2 控制水泵的频率和精准度较 Case1 更高。

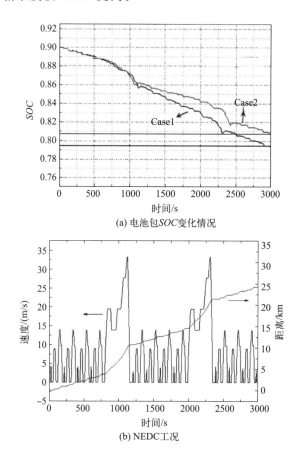

(a) 电池包 SOC 变化情况

(b) NEDC 工况

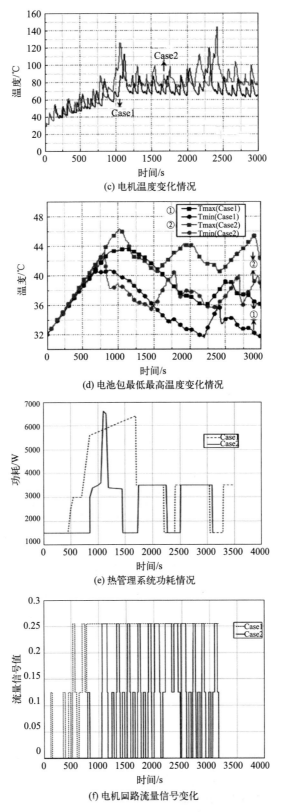

(c) 电机温度变化情况

(d) 电池包最低最高温度变化情况

(e) 热管理系统功耗情况

(f) 电机回路流量信号变化

图 7-3 联合模型在 Case1 和 Case2 两种控制策略下的仿真情况

热管理系统的实际功耗情况与驾驶策略存在一定的联系，实际功耗情况会影响电机电池的运行状态。两种控制策略下，驾驶循环过程中压缩机的开启情况如图 7-4（a）所示。如图 7-4（b）所示，在 Case1 和 Case2 之下，电池包 SOC 由 0.9 降至 0.2 所经历的行驶时间分别为 5.26h 和 6.20h，也就是说采用 Case2 能够使电动汽车拥有更长的行驶时间和里程，里程的提升幅度为 29km，用百分比表示即有 15％ 以上的提升。

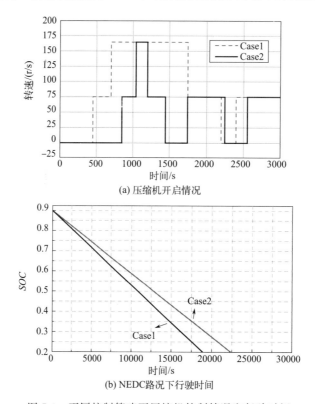

图 7-4　不同控制策略下压缩机控制情况和行驶时间

综上可知，优化控制策略的作用是使得水泵、压缩机等部件以更合理的方式开启，保证电机、电池包等热管理对象的工作温度不超出适宜的范围，减少热管理系统的功率损耗，提高电动汽车的续驶能力，使电动汽车拥有更长的续驶里程。

7.2　HEV 整车热管理系统建模与仿真

7.2.1　HEV 整车热管理系统架构

随着经济发展速度不断加快，化石燃料被大量开采和使用，导致大气中的温室气体含量越来越高，环境污染也日渐严重，此时，兼具燃油车和电动汽车两种汽车的优势的混合动力汽车应运而生,并逐渐成为备受人们关注的热点。

混合动力汽车具备续驶能力强、效率高、污染物排放少等诸多优势,是汽车行业的重点关注对象,也是未来汽车发展的重要趋势。但就目前来看,混合动力汽车也存在一些不足之处,具体来说,其装配的热管理系统具有变温、多热源、多温度等特点,这既不利于延长各个相关零部件的使用寿命,也会影响到车辆的污染物排放量和效率。

从能耗方面来看,空调系统所消耗的电量最多。一般来说,当车辆处于低温环境中时,空调系统将会启动PTC加热器进行制热,并消耗大量电量,导致车辆的续驶里程下降。由此可见,为了在有效制热的同时保证混合动力汽车的续驶能力,汽车行业需要针对混合动力汽车开发高效的热管理系统。

汽车行业需要加大对混合动力汽车的研究力度,对热管理系统的功能进行深入分析,找出最适合混合动力汽车的温度范围,并在此基础上专门为混合动力汽车构建整车热管理系统。与此同时,为了解决车辆在低温制热过程中出现的高能耗、低效率等问题,汽车行业还综合运用热泵系统和PTC加热器,整合这二者的优势构建混合制热系统,并在AMESim软件的基础上进一步构建整车热管理系统模型动态仿真模型,根据新欧洲驾驶循环工况来评估热管理系统的系统性能。

(1) 车辆动力传动系统结构

对汽车行业来说,应先掌握混合动力汽车的车辆传动系统和整车行驶模型,再对其热管理系统架构展开研究。以行星齿轮组双电机直连式混合动力传动系统结构为例,车辆动力系统构型如图7-5所示。

具体来说,混合动力汽车的行驶模式大致可分为电量消耗(charge depleting,CD)模式和电量维持(charge sustaining,CS)模式两种类型。当混合动力汽车处于运行状态时,其行驶模式会在CD模式和CS模式之间切换,且两种模式均以电池SOC为控制参数。

在CD模式下,电池的SOC比控制策略中设定的放电截止SOC多,处于行驶状态下的混合动力汽车会进入纯电动行驶模式,仅靠电池中的电能运转,此时,电池SOC会逐渐降低至与放电截止SOC相等;在CS模式下,电池SOC比控制策略中设定的

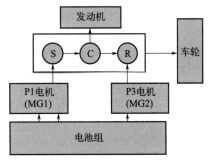

S:太阳轮(Sun Gear)
C:行星齿轮(Carrier)
R:齿环(Ring)

图7-5 车辆动力系统构型

放电截止SOC低,混合动力汽车会从发动机中获取动力,并将发动机所产生的剩余功率输送给动力电池,达到为电池充电的效果,此时,电池SOC会逐渐上升,直至高于放电截止SOC。

除SOC外,混合动力汽车的行驶模式选择还受功率和相关部件的工作温度等多项因素影响。在对混合动力整车热关系系统进行研究的过程中,汽车行业的相关工作人员可以将各个部件出口处的水温作为相应部件的最佳工作温度。

各部件的工作温度范围如表7-2所示。

表 7-2 各部件的工作温度范围

动力部件	需要预热温度范围/℃	不需要预热温度范围/℃	最佳工作温度范围/℃
发动机	<-40	>75	85~95
电机	<-40	>75	55~70
电池	<0	>20	25~40

(2) 热管理系统的架构

从系统架构上来看,混合动力汽车的热管理系统中的各个部件具有一定的独立性,电机、电池、发动机通常分别进行冷却。具体来说,混合动力整车热管理系统架构示意图如图 7-6 所示。

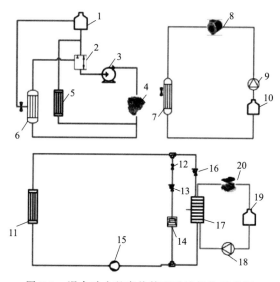

图 7-6 混合动力整车热管理系统架构示意图

1—发动机膨胀水箱;2—发动机大循环节温器;3—发动机机械水泵;4—发动机;5—电机油冷却器;
6—发动机高温散热器;7—电机低温散热器;8—电机电驱系统;9—电机电子水泵;10—电机膨胀水箱;
11—冷凝器;12—两通电磁阀;13—热力膨胀阀1;14—蒸发器;15—压缩机;16—热力膨胀阀2;
17—冷却器;18—电池电子水泵;19—电池膨胀水箱;20—电池包

7.2.2 HEV 整车热管理系统模型

汽车行业在构建混合动力热管理系统模型时应以 AMESim 软件为基础,并以整车动力部件的各项参数为参考数据,如表 7-3 所示,找出符合混合动力汽车的实际情况的动力部件模型。

表 7-3 整车动力部件的主要参数

部件名称	参数名称	数值
整车	整车质量/kg	1360
发动机	工作容积/L	1.5
	缸径/mm	74
	冲程	4

续表

部件名称	参数名称	数值
发动机	最大功率/kW	42
	怠速转速/(r·min^{-1})	700
	最大转矩/(N·m)	170
电机	额定功率/kW	32
	额定转速/(r·min^{-1})	3000
	额定转矩/(N·m)	100
	峰值转矩/(N·m)	208
	总电压/V	430
电池	容量/Ah	99

混合动力汽车整车动力学模型由多个模型构成，具体来说，其主要包含驾驶员模型、发动机模型和传动系统模型三部分。在已经构建好整车动力模型的基础上，汽车行业还需进一步验证该模型在各种工况下的动力性，并判断其能否满足混合动力汽车的整车热管理需求。

当环境温度为20℃时，混合动力汽车的车速跟随情况良好，整车动力模型也能够满足在仿真和建模方面的各项基本需求。

7.2.3 热管理系统各部件温度分析

为了进一步优化混合动力热管理系统，汽车行业需要加大对NEDC工况下混合动力热管理系统的研究力度，掌握热管理系统中的各个动力部件（如电机、电池、乘员舱、发动机等）在不同温度下的产热量，并将乘员舱和电池热管理系统的产热与优化作为主要研究内容。

除此之外，对汽车行业的相关研究人员来说，还需对处于制冷工况下的整车热管理系统进行动态仿真。具体来说，在测试过程中，动态仿真车速应参考混合动力汽车在NEDC工况下的车速，若处于制热工况下的热管理系统所对应的初始环境温度分别为－20℃、－10℃、0℃、10℃，湿度为15%，辐射强度为0，乘员舱和环境在温度上并没有较大差别，此时，热管理系统仅使用PTC加热器来进行加热，发动机、电池以及乘员舱的温度动态仿真结果如图7-7、图7-8、图7-9所示。

若处于制冷工况下的热管理系统所对应的初始环境温度分别为25℃、30℃、40℃，乘员舱的温度会受到太阳辐射影响而升高到环境温度的1.2倍，同时湿度为40%，辐射强度为10，电池SOC初始值为0.9，此时，发动机、电池以及乘员舱的温度动态仿真结果如图7-10、图7-11、图7-12所示。

7.2.4 热管理系统各部件温度优化

当热管理系统处于制热工况下时，无论初始环境温度是多少，发动机的温度都会维

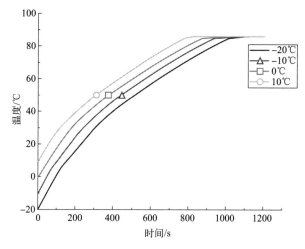

图 7-7　制热时发动机温度

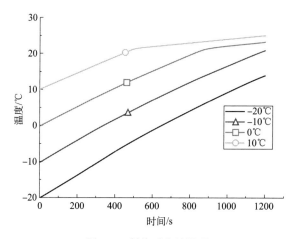

图 7-8　制热时电池温度

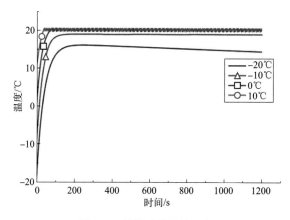

图 7-9　制热时乘员舱温度

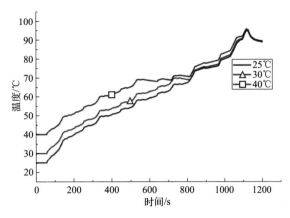

图 7-10 制冷时发动机温度

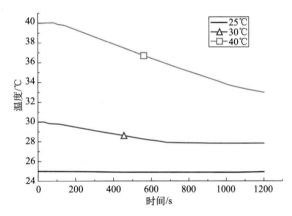

图 7-11 制冷时电池温度

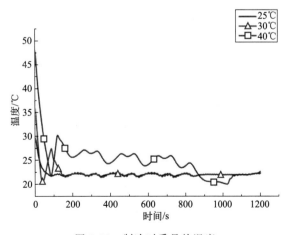

图 7-12 制冷时乘员舱温度

持在86℃左右,且该温度在最佳工作温度区间当中,对电池和乘员舱而言,−20℃和−15℃均不是最佳工作温度,具体来说,造成这一问题的原因主要有以下两点:

• 乘员舱和电池都只使用PTC加热器进行加热,而PTC加热器的能效比尚达不到1,加热效率较低,制热的过程中还会产生一定的能量浪费。

• 热管理系统通常使用独立冷却的方式来为各项动力部件降温,这种方式能够有效避免各个动力部件之间互相影响,但同时也存在互补调节不足等问题。对混合动力汽车来说,当启动温度过低时,为了快速升温,不仅可以利用PTC加热器来提高各部件温度,还可以对乘员舱和电池进行加热。

(1) 热管理系统架构优化设计

在明确乘员舱和电池产生温度偏离最佳工作温度区间现象的原因后,汽车行业需要从混合动力汽车的各部件的温度和整车行驶模式出发,重塑热管理系统架构,加装预热系统,并综合使用热泵空调和PTC加热器来提升乘员舱和电池的温度。

经过优化重塑的热管理系统既能够迅速为各个动力部件降温,也能为各个动力部件预热,将各个动力部件的工作温度保持在最佳工作温度区间当中。具体来说,混合动力整车热管理系统架构示意图如图7-13所示。

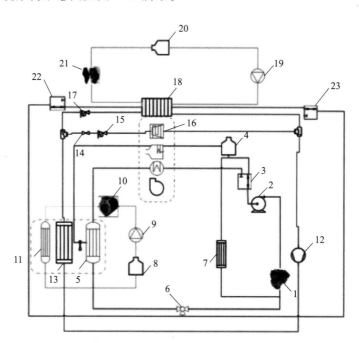

图7-13 混合动力整车热管理系统架构示意图

1—发动机;2—发动机机械水泵;3—发动机节温器;4—发动机膨胀水箱;5—发动机高温散热器;6—比例阀;7—机油冷却器;8—电机膨胀水箱;9—电机电子水泵;10—电机电驱系统;11—电机低温散热器;12—压缩机;13—冷凝器;14—两通电磁阀;15—热力膨胀阀1;16—蒸发器;17—热力膨胀阀2;18—冷却器;19—电子水泵;20—电池膨胀水箱;21—电池包;22—三通电磁阀1;23—三通电磁阀2

从工作模式上来看,当车辆处于工作状态时,若各项动力部件的温度在0℃以下,那么电池的充放电性能将会降低,循环使用寿命也会明显减少,因此车辆需要只利用发动机来提供动力，热管理系统则需采用独立冷却的方式来降低发动机温度，并关闭预热器回路；若发动机冷却液的温度超过80℃，热管理系统则需开启预热器回路，并使用发动机来对电池进行预热；若电池的温度超过20℃，热管理系统则需关闭预热器回路，不再继续对电池等设备进行预热。

（2）优化后的结果分析

在 NEDC 工况下，若制冷工况下的热管理系统所对应的初始温度分别为25℃、35℃、40℃，那么车辆的乘员舱和电池的温度变化情况则如图7-14～图7-17所示。

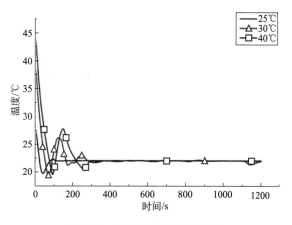

图7-14 制冷模式乘员舱温度

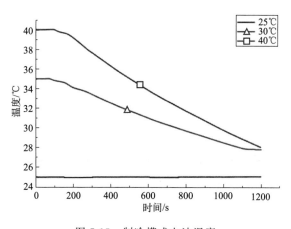

图7-15 制冷模式电池温度

对经过调整优化的热管理系统来说，在制冷工况下，可以在一定时间内将乘员舱的温度调整到22℃左右，将电池温度调整到25～28℃；在制热工况下，可以在一定时间内将乘员舱的温度调整到20～23℃（如图7-16所示），将电池的温度调整到21～25℃（如图7-17所示），确保车辆无论处于制冷工况还是制热工况，乘员舱和电池的温度均可保持在最佳工作温度区间。

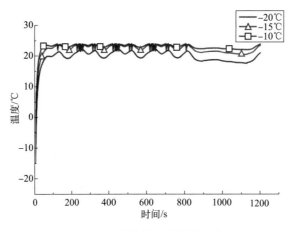

图 7-16 制热模式乘员舱温度

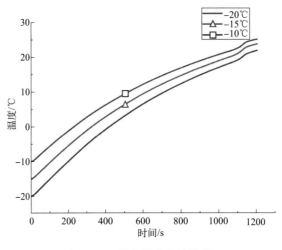

图 7-17 制热模式电池温度

7.3 FCV 整车热管理系统方案设计及仿真

7.3.1 FCV 热管理系统方案设计

化石能源的储量告急、温室气体排放过多等问题限制了传统燃料的使用，而零排放的氢燃料电池被视为动力电池的理想解决方案，由于高效率、无噪声、无污染的优点而逐渐成为新能源汽车市场的新星。但氢燃料电池的放电效率受电池温度影响较大，必须配备有高性能的热管理系统及时转移电池工作产生的热量，这也是目前氢燃料电池行业面临的主要技术难题。

适配氢燃料电池的整车热管理系统立足于整车环境，在关键配件上进行创新，以满足各种工况下的散热需要。其设计过程是通过 AMESim 建模平台建立系统级分析模型，重复运行，比较模型数据的波动性；再模拟不同工况下的环境条件，分别记录模型内冷却液流量、进出水温差等能够反映热管理系统性能的指标，评估模型在各种工况下的工作效果。通过虚拟仿真实验，验证该模型能否实现燃料电池车的热管理目标，是否具有投入生产的价值。

(1) 系统结构设计

对于 FCV 热管理系统的研究，可以选择一台搭载两枚氢燃料电池的实车，以研究热管理系统的结构、原理与控制策略。假定额定功率为 62kW 的主电池位于车前发动机舱内，满足车辆主要供能需求；另有容量为 13kWh 的辅助电源，位于座舱底板下，用于向整车系统供电，并在特殊情况下充当主电源。根据如图 7-18 所示的整车热管理系统模型可知，该车辆的散热方式为液冷式，其热管理系统大致可拆解为以下几个冷却回路：

① 燃料电池冷却回路：用于调节电堆和中冷器的温度，除了电堆和中冷器外，还包括电泵机、膨胀壶、PTC 加热器、主散热器等部件。

② 动力电池冷却回路：用于调节动力电池的温度，主要包括冷却器、PTC 加热器、电泵机等部件。

③ 电驱动冷却回路：用于调节驱动电机及其控制器的温度，配备有散热器、PTC 加热器、电泵机等部件。

④ 空压机冷却回路：用于调节空压机及其控制器的温度，配备有电压转换器、散热器、膨胀壶、电泵机等部件。

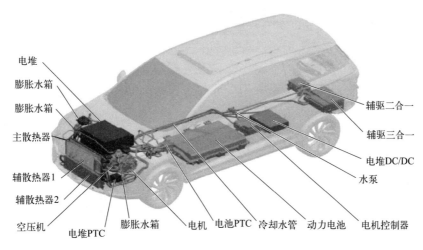

图 7-18 整车热管理系统实车环境三维模型

(2) 系统原理设计

氢燃料电池冷却回路：作为热源的电堆与中冷器对于冷却液的温度要求相似，可以并联在一起，让冷却液流分别经过二者后再汇聚在一起，具体的分流比例由两个部件的横截面积决定，如图7-19（a）所示，若车辆从熄火状态启动，节温器通向散热器的阀门将会关闭，冷却液只流经PTC所在支路，PTC加热冷却液，使氢燃料电池的温度快速达到工作区间。当温度稳定后，节温器会重新调整阀门，将散热器接入回路，为冷却液降温，转移氢燃料电池的余热。

动力电池冷却回路：动力电池作为热源直接串联在电路中，如图7-19（b）所示。在车辆行驶时，若回路中水温在10℃以下，电磁膨胀阀将关闭，此时电池冷却器切出，空调系统不参与热量交换，PTC对冷却液进行加热。若水温在25℃以上，电磁膨胀阀将会开启，电池冷却器接入并进入工作状态，动力电池产生的热量经由电池冷却器转移到外界。

电驱动冷却回路：驱动电机、电机控制器、辅驱都会产生热量，为使冷却液的降温效果最大化，一般按照产热量从小到大的顺序将几个热源串联在一起，见图7-19（c）。该冷却回路需连接驱动电机和车后的辅驱，因此回路较长，要布置两个水泵为冷却液提供足够的动力。

空压机冷却回路：该冷却回路同样是非单一热源，因此也是通过串联的方式连接空压机、空压机控制器和DC/DC，如图7-19（d）所示，该回路的连接方式与电驱动冷却回路大致相同。

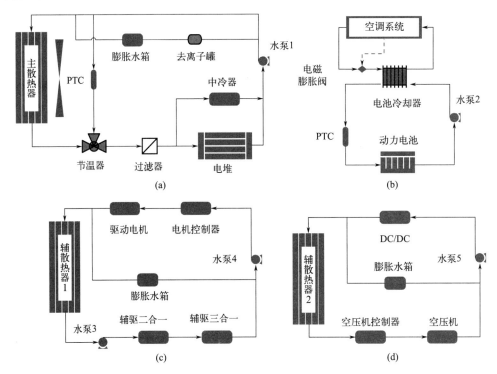

图7-19 整车热管理方案工作原理图

(3) 控制策略设计

整车热管理系统遵循两个主要原则，一是在车辆启动时提高冷却液的温度，二是在车辆行驶过程中将冷却液的热量转移到外部环境，二者都是为了将一些重要部件的温度保持在适宜区间。而整车热管理系统的部件众多，每个部件都有独特的职能和适宜工作温度，因此需要结合整车的温度需求来制定合理的控制策略。许多车型为了追求轻量化，尽可能地缩小了车辆体积，导致可用于安装相关部件的空间有限，有时会出现多个回路共用某一部件的情况。当零部件的使用产生冲突时，应优先保证氢燃料电池的散热效果。整车热管理系统的控制策略如表 7-4 所示。

表 7-4　整车热管理系统控制策略

冷却回路	冷却液温度	控制策略
燃料电池冷却回路	电堆出水温度<10℃	PTC 开启，小循环，风扇关闭，水泵 PWM30%
	10℃≤电堆出水温度≤60℃	PTC 关闭，小循环，风扇关闭，水泵 PWM45%
	60℃<电堆出水温度<70℃	开启大循环，风扇调速，水泵 PWM60%
	70℃≤电堆出水温度<80℃	节温器大循环开度调节，风扇全开，水泵 PWM85%
	电堆出水温度≥80℃	大循环全开，风扇全开，水泵 PWM100%
电驱动冷却回路	任意热源温度检测值<50℃	风扇关闭，水泵 PWM50%
	50℃≤任意热源温度检测值<60℃	风扇关闭，水泵 PWM70%
	60℃≤任意热源温度检测值<70℃	风扇调速，水泵 PWM90%
	任意热源温度检测值≥70℃	风扇全开，水泵 PWM100%
动力电池冷却回路	电池入水温度<15℃	PTC 加热，电池冷却器电磁阀关闭，水泵 PWM55%
	15℃≤电池入水温度<20℃	PTC 关闭，电池冷却器电磁阀开启，水泵 PWM75%
	20℃≤电池入水温度<25℃	电池冷却器电磁阀开启，水泵 PWM90%
	电池入水温度≥25℃	电池冷却器电磁阀开启，水泵 PWM100%
空压机冷却回路	任意热源温度检测值<55℃	风扇关闭，水泵 PWM60%
	55℃≤任意热源温度检测值<60℃	风扇打开，水泵 PWM75%
	60℃≤任意热源温度检测值<70℃	风扇调速，水泵 PWM85%
	任意热源温度检测值≥70℃	风扇全开，水泵 PWM100%

借助温度传感器识别冷却回路中每个预设节点的温度，是整车热管理系统功能实现的基础。识别出各点温度后，温度传感器会将数据输出给燃料电池控制器和整车处理器，ECU 将各部分温度与控制策略中的条目进行比对，并向电泵机、冷却风扇、PTC 加热器等零部件发出指令，达到调节温度的目的。温度传感器周期性地测温，ECU 周期性地调节温度，最终实现氢燃料电池以及整车温度的相对稳定。如图 7-20 所示为整车热管理系统控制示意图。

7.3.2　FCV 整车热管理需求分析

温度很大程度上影响着 FCV（fuel cell vehicles，燃料电池汽车）整车热管理系统的性能，关系到系统的使用寿命和工作效果。以电堆为例，当电堆的温度过高，质子交换膜会进入脱水状态，导电性能降低，既会影响电堆的工作效果，又会产生潜在风险，不利于乘员的人身安全。当电堆的温度过低，催化剂的活性也会随之下降，阻碍化学能

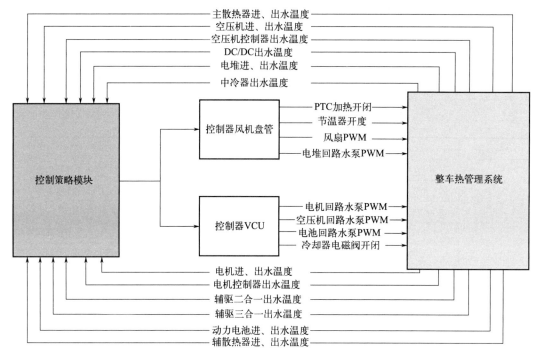

图 7-20 整车热管理系统控制示意图

转化为电能的过程，使得电池工作效果变差。此外，温度分布不均也会导致电极反应速率下降。由此可知，电堆对于温度的要求较为严苛，必须将电堆温度保持在 70~80℃ 这一范围内，并将进出口的冷却液温差控制在 10℃ 以下，才能尽量保证电堆的工作效果。

要实现冷却效果，就要明确各温度阈值下热管理系统单位时间需转移的热量数值。根据已有实验结果，一块额定功率为 62kW 的氢燃料电池，其电堆极化曲线大致如图 7-21 所示，电堆的各项具体参数则如表 7-5 所示。

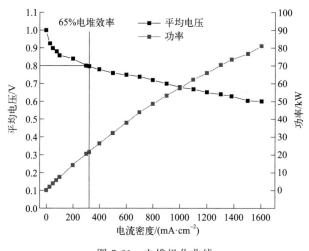

图 7-21 电堆极化曲线

表 7-5　电堆主要技术参数表

参数名称	数值	参数名称	数值
额定总功率/kW	≥62	环境温度（工作状态）/℃	-20~80
峰值功率/kW	≥80	环境温度（存储状态）/℃	-40~125
电堆活化面积/cm²	282	冷却液入口温度范围/℃	-20~80
电堆总片数 N	300	冷却液进出口温差耐受/℃	10
输出总电压/V	120~300	冷却腔流阻/kPa	60
输出电流/A	≤450	冷却液工作压力范围/kPa	≥160

以燃料电池冷却回路为例，回路中的热源主要有燃料电池和中热器两类。

(1) 燃料电池发热量计算

燃料电池产生的热量主要有电极反应释放的内能、内阻的极化放热、压缩空气传递的热量和环境辐射热量三类。外界环境导入的热量只占很小一部分，绝大部分来自化学反应放热和内电阻放出的热量，因此为了计算简便，可以将电池内部放热近似看作电池总的发热量。这个数值等于电池转化的化学能总量减去放出的电能总量，体现在公式中即：

$$Q_1 = (V_0 - V_{cell}) I_{cell} N$$
$$I_{cell} = iA$$

式中，Q_1 是电堆实际的热功率；V_0 是单个电池的额定电压；V_{cell} 是单个电池的实际电压；I_{cell} 是电路中的实际电流；N 是电池个数；A 是参与化学反应的电堆面积；i 是单位活化面积的电流值。

在工作状态下，氢燃料电池的化学反应产物通常以水蒸气形式存在，而当相对湿度达到该温度下的上限后，一部分水蒸气会变成液态，该过程放热，对计算结果也会造成一定的影响。因此，最终取得 Q_1 的值为 64.70kW。

(2) 中冷器发热量计算

中冷器放出的热量即空压机产生的热量，该数值可直接计算出来，即：

$$Q_2 = c_{air} m_{air} \Delta T_{air}$$

式中，c_{air} 是空气的比热容，值是 1006J/(kg·℃)；m_{air} 是每秒通过压缩机的空气的质量，值是 71.57g/s；T_{air} 是空气经过压缩前后的温度差，值为 100℃。通过这些数据列式计算，可得额定工况下的中冷器发热值 Q_2 为 7.20kW。

(3) 冷却液流量需求计算

现保持外部温度在 40℃不变，选择乙二醇+水的有机冷却液计算冷却液流量需求 V，列式如下：

$$V = Q / [c_p (T_{out} - T_{in})]$$
$$Q = Q_1 + Q_2$$

式中，Q 是冷却回路中所有热源，即电堆与中冷器的放热总量；Q_1 为电堆散热量；Q_2 为中冷器散热量；c_p 是标准压强下乙二醇溶液的比热容，数值为 3.50kJ/(kg·K)；T_{in} 与 T_{out} 是电堆的进出口冷却液温度，分别为 70℃与 80℃，即存在 10℃的温差。

如表 7-6 所示，改变各量取值，并分别代入式中计算，就能够获取任意工况下冷却液的流量需求。表 7-7 标注了额定工况下另外几个冷却回路的放热量和冷却液流量需求。

表 7-6　燃料电池冷却回路散热需求

工况	电堆散热功率/kW	中冷器散热功率/kW	冷却液流量需求/(L·min^{-1})
额定工况	64.70	7.20	130.65
峰值工况	80.00	8.64	160.60
50.00%峰值工况	40.00	4.32	80.30
25.00%峰值工况	20.00	2.16	40.15
12.50%峰值工况	10.00	1.08	20.08

表 7-7　额定工况下动力电池、空压机和电驱动冷却回路散热需求

动力电池		空压机		电驱动	
参数	数值	参数	数值	参数	数值
动力电池散热功率/kW	3.00	空压机散热功率/kW	2.00	电机散热功率/kW	13.80
冷却液流量需求/(L·min^{-1})	8.00	空压机控制器散热功率/kW	1.00	电机控制器散热功率/kW	3.00
—	—	DC/DC 散热功率/kW	5.00	二合一散热功率/kW	4.00
—	—	冷却液流量需求/(L·min^{-1})	7.50	三合一散热功率/kW	5.00
—	—	—	—	冷却液流量需求/(L·min^{-1})	46.70

7.3.3　基于 AMESim 的系统建模

(1) 零部件建模与选型

① 散热器。通常，热管理系统会配备一个主散热器以及两个辅散热器，三个散热器分属于不同的冷却回路，但集成方式经专门设计，可共享一台冷却风扇。散热器散热的原理是冷却液与流动空气的热量交换，为降低建模与计算的难度，现基于真实情况作出几个假设：

- 散热器处的气流流速保持不变，不考虑格栅阻挡气流使其流速发生改变的情况；
- 冷却液在散热器处可近似看作线性流动，不受泵机推力以外的矢量影响；
- 不考虑气流与冷却液因外部压强发生形变的情况。

每个散热器两侧的流体公式不同，冷却液流动公式为：

$$\Delta P = \frac{1}{2} K \rho v_{\text{cool}}^2$$

式中，ΔP 是冷却液流经散热器的压降；K 是流阻系数，与流体种类、表面材料、摩擦面积有关；ρ 是冷却液密度，随着冷却液的种类变化而变化；v_{cool} 是散热器进出口之间冷却液的平均速度。

空气流动公式为：

$$Q_v = A_{rad} v_{air}$$

式中，Q_v 是单位时间内通过散热器的空气体积；A_{rad} 是散热器进口的横截面积，即流断面的面积；v_{air} 是散热器进出口间空气的平均速度。

空气与冷却液的热量交换公式为：

$$Q_{rad} = A_{each} U (T_{rad\_in} - T_{rad\_out})$$

式中，Q_{rad} 是散热器总的热量交换数值；A_{each} 是散热器能够进行热量交换的表面积；U 是对流换热系数，与流体流速、物理性质以及表面积有关；T_{rad_in}、T_{rad_out} 是散热器进出口的冷却液的温度，用来计算温差。

应注意的是，U 的数值要引入一个新公式计算：

$$U = \cfrac{1}{\cfrac{1}{k_m} + \cfrac{1}{a_{air} M_a^{b_{air}}} + \cfrac{1}{a_f M_f^{b_f}}}$$

式中，k_m 是管道热导率；M_a、M_f 分别是单位时间内流经的空气和冷却液的质量；a_{air}、b_{air} 是热交换空气侧的对流修正系数；a_f、b_f 则是热交换液侧的对流修正系数。

除了受到换热器的材料、结构、形状等因素影响，热交换数值还会随着冷却液和空气流速的增加而增加。依然保持外界温度在 40℃ 不变，选择 50% 的乙二醇溶液作为冷却液，改变空气与冷却液的流速，进行多次实验，可得换热量与二者的关系图，在三维坐标系中绘制，如图 7-22 所示，就是散热器散热性能的 Map 图。

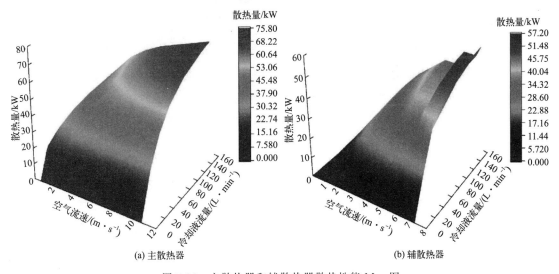

图 7-22 主散热器和辅散热器散热性能 Map 图

② 冷却水泵。冷却水泵的作用是向冷却液施加推力，以驱动冷却液在管路中流动，根据已有研究成果，采用简单流量公式进行建模。

$$V = qn$$

其中，V 是经过水泵的冷却液流量；q 是每转一圈水泵排出的冷却液体积；n 是水泵的转速。

实车热管理系统集成方式不同，应选择的水泵型号也就不同。对于上文已经选择的车辆建模，其燃料电池冷却回路必须使用额定流量为 170L/min 的高压水泵，其他三个回路则参照标定的扬程（水泵扬水高度）与单位时间流量进行遴选。转速受扬程 H、流量 V 影响的变化曲线如图 7-23 所示。

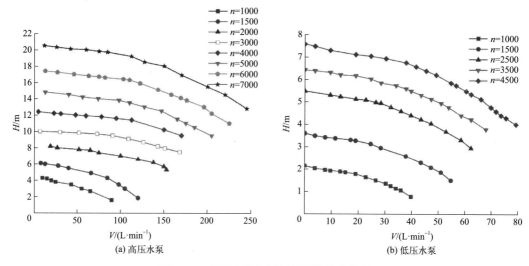

图 7-23　高压水泵和低压水泵性能曲线图

③ 冷却风扇。风扇建模时应参考的公式为：

$$\dot{V}_\mathrm{f} = \dot{V}_\mathrm{m} - \frac{V_\mathrm{r}(p_\mathrm{r}-1)^b}{(\Delta p)_\mathrm{m}^b - (\Delta p)_\mathrm{r}^b}$$

其中，$\dot{V}_\mathrm{f}$ 是冷却风扇模型的流量；V_r 是冷却风扇的参考体积流量；$\dot{V}_\mathrm{m}$ 是冷却风扇单位时间内所能通过的空气的最大体积；b 是压力上升指数；Δp 是空气流经风扇带来的压力增加量；p_r 是空气通过前后的压力升高率。

冷却液的温度与控制器的行为会影响风扇的转速，不同液温对控制器行为的影响如表 7-8 所示。

表 7-8　冷却风扇控制策略

冷却液温度 T	$T \leqslant 60℃$	$60℃ < T < 70℃$	$T \geqslant 70℃$
控制策略	风扇关闭	调节风扇转速	风扇全开

④ 节温器。节温器是设置在冷却回路中的阀门，其作用是改变冷却液的路线来控制其流经不同的热交换部件，达到控温效果。传统机动车使用的主要是蜡式节温器，原理是利用了石蜡的热胀冷缩现象。但由于石蜡升温需要一定的时间，其热胀冷缩的过程同样比较缓慢，因此对温度的调节效果也存在一些延迟。现使用电子节温器，通过集成热敏电阻，比较精确地对冷却液的温度变化做出反应。蜡式节温器与电子节温器的优劣对比如表 7-9 所示。冷却液温度达到 60℃ 时，电子节温器的阀门会逐渐开启；70℃ 时，电子节温器的阀门开度达到最大。节温器一般设置在热源下游，来让回路内的整体温度调节更平滑。

表 7-9　蜡式节温器与电子节温器对比

名称	优点	不足
蜡式节温器	成本较低，结构牢固	响应迟缓，精度较低，流阻较大
电子节温器	响应快，精度高，易于主动控制	成本较高，不易维修

⑤ 管路建模。回路中的冷媒管路与部件都会向冷却液施加压力，因此，虽然在建模时要尽量将模型简单化，但也要注意还原实车的管路连接方式。对于两端直径不同的管路，可以通过设置转接头模型进行连接。要对管路的模型进行反复调整，修改各项参数，将各部件压降与流量控制在一个比较合理的范围。主要部件的各项参数如表 7-10 所示。

表 7-10　各主要部件管路参数

部件名称	进口管路内径/mm	水套内径/mm	出口管路内径/mm
电堆	46.00	25.00	46.00
中冷器	20.00	20.00	20.00
动力电池	20.00	12.00	20.00
空压机控制器	16.00	10.00	25.00
空压机	20.00	8.00	11.00
DC/DC	25.00	12.00	25.00
辅驱二合一	20.00	16.00	20.00
辅驱三合一	20.00	15.00	16.00
电机控制器	20.00	15.00	20.00
驱动电机	20.00	16.00	20.00

(2) 仿真模型搭建

AMESim 建模软件有一些自带的模型库，如 Signal-Control 库、Thermal-Hydraulic-Resistance 库、Cooling-System 库和 Thermal-Hydraulic 库等，通过在这些模型库中提取所需的散热部件模型，可以迅速搭建起仿真冷却回路。如选择冷却风扇、泵机、主散热器、节温器等模型，可以搭建燃料电池冷却回路。再调整管路模型的连接方式，使模型在仿真环境下拥有与实车相似的流阻条件。之后，在各测量节点放置温度传感器、压强传感器和流速传感器，用于监测回路中的实时情况。四个回路分别搭建完成后，依次在 40℃ 恒温下集成，组装完整的热管理系统模型。模型组装完成后，可以向系统中输入流量、压强等参数，绘制 Map 图，实现系统仿真效果。

通常将仿真时间设置为 500s，步长为 0.01s，再向散热部件输入各产热部件的热功率，记录冷却液流量、进出口温差、部件压降等输出值，最终得到热管理系统 AMESim 仿真模型。

7.3.4　热管理系统仿真结果分析

(1) 模型可信度验证

必须对仿真模型进行可信度验证，以确保建模结果足够可靠，能够指导生产。先测量电堆出水口的冷却液温度，将其与仿真测试的结果进行比较，得到如图 7-24 所示的柱状图。可以看到，不同热功率下的试验值都与仿真值有一定的出入，这是因为在建立模型时简化了某些复杂的结构。另外，试验值也存在不可避免的随机误差。经计算，试验值与真实值的误差波动在5%左右，因此模型的可信度能够得到保证。

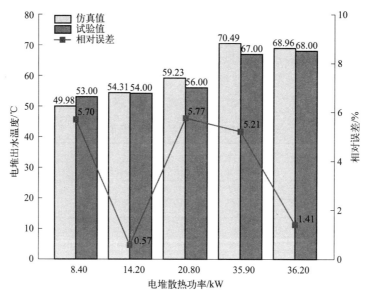

图 7-24 仿真与实验比对结果

（2）燃料电池冷却系统仿真结果分析

分析燃料电池冷却回路的仿真结果，当燃料电池以额定功率在额定温度下工作，泵机转速保持在4000r/min不变，此时的冷却液体积流量为167L/min，其中分向电堆的流量为130.65L/min，分向中冷器的流量为36.38L/min，能够达到散热要求。电堆进出口冷却液温差为8.09℃，分布均匀，数值符合电堆工作要求；压降为5.69kPa，未超出预期范围。中冷器进出口冷却液温差为3.23℃，分布均匀，也符合工作要求；压降0.61kPa，同样未超出预期范围。由于泵机等非热源部件存在内电阻，试验过程中会放出一定量的热，因此散热器的实时热交换功率为74.57kW，高于71.9kW的理论值。

以燃料电池冷却回路为例，仿真结果如表7-11所示，大部分工况下的冷却回路参数都在设计范围内，能够支撑持续工作。但应注意，在高车速下长时间爬坡或加速，可能会使热源出水口温度高于80℃，损耗电池寿命。

表 7-11 燃料电池冷却回路仿真结果

工况	流量/(L·min^{-1})		温升/℃		进水温度/℃		出水温度/℃	
	电堆	中冷器	电堆	中冷器	电堆	中冷器	电堆	中冷器
额定工况	130.65	36.38	8.08	3.23	71.72	71.72	79.81	74.95
峰值工况	195.44	55.23	6.67	2.55	78.01	78.01	84.68	80.55
50.00%峰值工况	68.72	19.38	9.50	3.63	70.78	70.78	80.28	74.42
25.00%峰值工况	35.62	9.79	9.16	3.59	70.82	70.82	79.98	74.41
12.50%峰值工况	19.03	5.28	8.57	3.31	69.62	69.62	78.19	72.93

(3) 动力电池冷却系统仿真结果分析

分析动力电池冷却回路的仿真结果,当动力电池以额定功率在额定温度下工作,泵机转速保持在 2500r/min 不变,此时的冷却液体积流量为 9.57L/min,能够达到散热要求。动力电池进出口冷却液温差为 5.76℃,温度分布均匀,且未超出许用范围;进出口有 6.35kPa 的压降,同样在设计范围内。由于动力电池回路中的非热源部件也存在内阻,因此也会有额外散热量,最终实际的热交换功率为 3.23kW,高于 3kW 的理论值。

(4) 空压机冷却系统仿真结果分析

分析空压机冷却回路的仿真结果,当空压机以额定功率在额定温度下工作时,水泵转速保持在 1500r/min 不变;此时的冷却液体积流量为 8.91L/min,能够达到系统的散热要求。如表 7-12 所示,空压机与控制器的热功率均较低,进出口冷却液的温度与温差也都较低;直流转换器由于热功率较高,进出口冷却液的温度也较高,温差为 9.21℃;散热器的进出口冷却液温差为 14.78℃,实时热交换功率为 8kW,高于需求量。表 7-12 所示的温度、压降等各项数据虽然有高有低,但均处于设计范围内,结果合理。

表 7-12 空压机冷却系统仿真结果

冷却系统部件	进水温度/℃	出水温度/℃	进出水温差/℃	压降/kPa
散热器	66.79	52.00	14.78	0.40
空压机	52.00	55.72	3.72	6.50
空压机控制器	55.72	57.58	1.86	1.62
DC/DC	57.58	66.79	9.21	1.88

(5) 电驱动冷却回路仿真结果分析

分析电驱动冷却回路的仿真结果,当电机以额定功率在额定温度下工作,泵机转速保持在 4000r/min 不变,此时的冷却液体积流量为 50.37L/min,能够达到系统的散热要求。如表 7-13 所示,除驱动电机外,电驱动冷却回路的其他几个热源热功率较低,且进出口冷却液温度相差不大,温差大部分在 1~2℃ 之间;驱动电机的热功率较高,进出口的冷却液温度都比较高,进出口温差为 6.05℃,均在设计范围内;散热器温差为 10.08℃,实际热交换功率为 30.96kW,高于 25.8kW 的理论值。如表 7-13 所示,散热器的压降与辅驱三合一接近,驱动电机的压降较大,辅驱二合一和控制器的压降较小,虽然有压降、温差的区别,但各项数据均未超出设计范围,结果合理。

表 7-13 电驱动冷却系统仿真结果

冷却系统部件	进水温度/℃	出水温度/℃	进出水温差/℃	压降/kPa
散热器	68.07	57.99	10.08	12.92
辅驱二合一	57.99	59.31	1.32	4.70
辅驱三合一	59.31	60.95	1.64	12.54
电机控制器	60.95	62.03	1.08	9.65
驱动电机	62.03	68.07	6.05	28.15

第 8 章
热管理系统案例解析

8.1 国外主流新能源汽车热管理系统 — 148
8.2 国内主流新能源汽车热管理系统 — 161
8.3 特斯拉热管理系统的迭代与演进 — 172

8.1 国外主流新能源汽车热管理系统

8.1.1 大众ID4.X的热管理系统

大众ID4.X的热管理系统原理如图8-1所示，根据温度状况的不同，这一热管理系统共包括6种运行模式，下面我们将逐一介绍这6种运行模式。

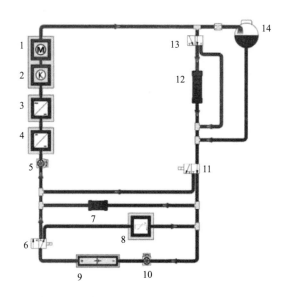

图8-1 大众ID4.X热管理系统原理图

1—三相电流驱动装置V663；2—电驱动系统的功率和控制电子装置JX1；3—高压蓄电池充电单元1 AX4；4—电压转换器A48；5—低温回路冷却液泵V36；6—蓄电池预热混合阀V683；7—冷凝器热交换器；8—PTC加热元件3 Z132；9—高压蓄电池1 AX1；10—高压蓄电池冷却液泵V590；11—蓄电池预热混合阀2 V696；12—发动机冷却液散热器；13—节温器；14—冷却液膨胀罐

① 节温器温度15℃以下，电池温度8～35℃。这种条件对于热泵没有需求，散热器的旁路处于激活状态，不需要对电池进行加热或冷却操作。当节温器将散热器旁路开启时，最小低温冷却回路被混合阀V696激活，热泵进入运行状态后，V468低温回路冷却液泵处于激活状态，电池的加热由Z132加热器件来完成。此种温度条件下热管理系统的运行模式如图8-2所示。

② 节温器温度15℃以下，电池温度8℃以下。这种条件对于热泵没有需求，电池处于加热状态。散热器旁路在节温器的作用下开启，高压电池对混合阀2实施加热，这一操作将激活最小可能低温冷却电路。高压电池还将对V683混合阀实施加热，此操作将激活电池加热电路。在这种运行模式下，两个冷却泵都将处于激活状态，此种运行模式如图8-3所示。

③ 节温器温度15℃以上，蓄电池温度8～35℃。这种条件对热泵没有需求，散热

器内的冷却液处于流动状态，蓄电池没有被施加冷却或加热操作。散热器旁路在节温器的作用下关闭，蓄电池对混合阀 2V696 实施预热操作，最低温的低温冷却回路将在这一操作下开启。这种情况下，处于激活状态的冷却泵只有一个，即低温回路冷却液泵 V36，此种运行模式如图 8-4 所示。

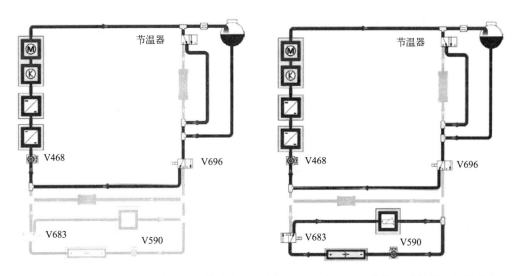

图 8-2　大众 ID4.X 热管理系统的运行模式之一　　图 8-3　大众 ID4.X 热管理系统的运行模式之二

④ 节温器温度 15℃以上，车辆处于运行和充电状态下时，电池温度分别在 35℃以上和 30℃以上。这种条件对热泵没有需求，电池的温度较高，需要由热冷凝器的换热器进行冷却，散热器中含有处于流动状态的冷却液。在节温器的作用下，散热器旁路处于关闭状态，高压电池对混合阀 2 实施加热操作，低温冷却电路将在这一操作下被激活，V683 混合阀将提升高压电池的温度，此操作将使得电池冷却液回路受到激活。这样一来，两个冷却泵都处于激活状态。此种运行模式如图 8-5 所示。

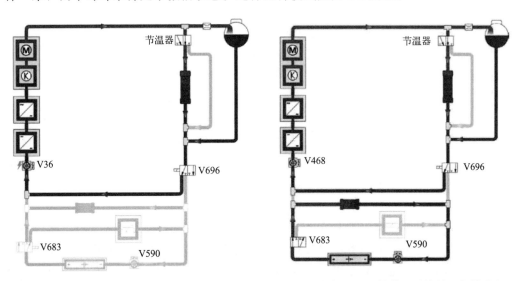

图 8-4　大众 ID4.X 热管理系统的运行模式之三　　图 8-5　大众 ID4.X 热管理系统的运行模式之四

⑤ 节温器温度15℃以上，电池温度30℃以上。这种条件对热泵没有需求，电池温度较高需要进行冷却，借助低温回路来完成。在节温器的作用下，散热器旁路处于关闭状态，V696高压电池对混合阀2加热，此操作将建立与电池之间的连接。V683混合阀可以提升高压电池的温度，由此完成电池冷却液回路的激活。此种运行模式下两个冷却泵都处于激活状态，如图8-6所示。

⑥ 节温器温度15℃以上，电池温度8～30℃。这种条件下存在对热泵的需求，散热器内含有处于流动状态的冷却液，蓄电池没有被施加冷却或加热操作。散热器旁路在节温器的作用下处于关闭状态，蓄电池对混合阀V696和V683实施预热操作，分别打开其接口和加热回路，在此种运行模式下处于激活状态的冷却泵只有低温回路冷却液泵V36一个。此种运行模式如图8-7所示。

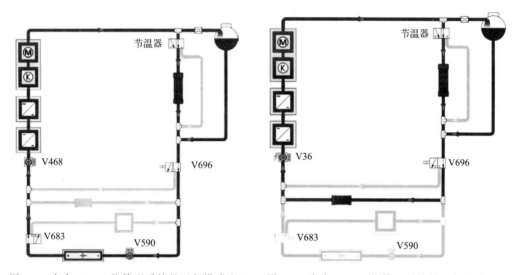

图8-6 大众ID4.X热管理系统的运行模式之五　　图8-7 大众ID4.X热管理系统的运行模式之六

8.1.2 宝马i3座舱热管理系统

在宝马i3这款纯电动汽车型中，热泵换热器的位置在冷却液泵和电加热器之间。热泵可以显著降低电加热器的电能消耗。

运用热泵所节约的能量可以通过效率比较得到直观地展现。当输出热量为5kW时，受电阻损失的影响，电加热器所消耗的电能为5.5kW，而当系统安装了热泵时，这一数值降低到了2.5kW。输出热量的生成由EKK（elektrischer klimakompressor，电动空调压缩机）来完成，生成的场所为热泵换热器，此外，这个过程要用到电能压缩制冷剂。热泵和电加热器效率比较如图8-8所示。

热泵换热器是冷却液回路中的新增组件。需要注意的是，在使用热泵时，电加热器仍然是必备的。有了电加热器，系统在故障状况下仍可加热乘客舱至其所需温度，如图8-9所示。宝马i3配备有专用的新型冷却液，可以对回路起到较好的保护作用，避免回路出现堵塞或损坏的情况。

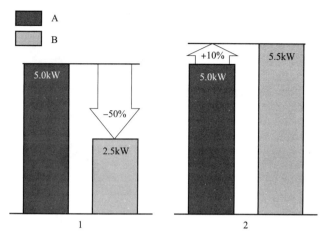

图 8-8 热泵和电加热器效率比较
1—热泵；2—电加热器；A—输出热量；B—消耗的电能

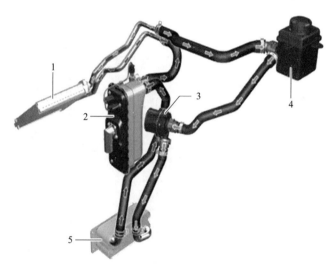

图 8-9 带热泵的乘客舱加热
1—乘客舱换热器；2—电加热器；3—电动冷却液泵（12V）；
4—储液罐；5—热泵换热器

(1) 热泵系统

在纯电版本的宝马 i3 上，电机以及动力电控装置不会产生很多余热供车辆使用。增程版本的宝马 i3 由增程式发动机产生余热，但车辆并不会使用这部分余热。出于减轻车身重量的考虑，宝马 i3 增程版本没有安装热泵。

热泵使得采用电加热器的纯电动汽车不会在行驶里程上受到显著影响。通过配备了热泵的暖风空调系统，乘客舱能够获得其需要的热量。

与暖风空调系统相比照，热泵拥有与之相反的工作原理。处于高温高压状态的制冷剂流过冷凝器和热泵换热器会分别释放热能，流过前者释放的热能会排入大气以起到冷却效果，流过后者释放的热能则对乘客舱起到加热效果。热泵原理图如图 8-10 所示，带热泵的空调制冷剂管路如图 8-11 所示。

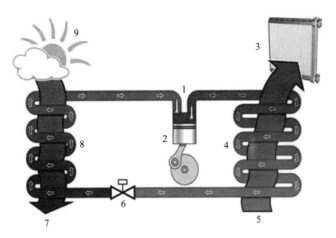

图 8-10 热泵原理图

1—压缩;2—消耗 1/4 的能量;3—热泵换热器;4—有用的热量 4/4;5—液态制冷剂;
6—膨胀阀;7—蒸发;8—环境热量 3/4;9—环境温度

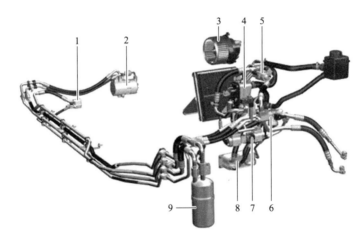

图 8-11 带热泵的空调制冷剂管路图

1—高电压蓄电池的电子膨胀阀(EXV);2—EKK 电磁阀;3—鼓风机;4—电加热器;
5—蒸发器的电子膨胀阀(EXV);6—冷凝器和储液干燥器之间的制冷剂截止阀;
7—EKK 和热泵换热器之间的制冷剂截止阀;8—热泵换热器;9—储液干燥器

(2)热泵的工作模式

配备于汽车上的热泵有三种工作模式,分别是制冷、加热、混合。在这一热泵系统中,单位数量的电能能够产生 2 倍于自身的热量或是 3 倍于自身的冷气,即 1kW 电能可产生 2kW 热量或 3kW 冷气,以此类推。热泵的感知温度范围在三种工作模式下是一致的,即 $-10 \sim 40$℃。

制冷剂量在很大程度上关系到空调系统的运转情况,安装热泵可以将空调的制冷剂量从 750g 提升到 970g。

① 制冷模式。当热泵的工作模式为制冷模式时,制冷剂回路采用与空调标准设备相同的设备。此模式下,制冷剂截止阀 18 和 20 处在关闭状态,17 和 21 则处在开启状态,如图 8-12 所示。

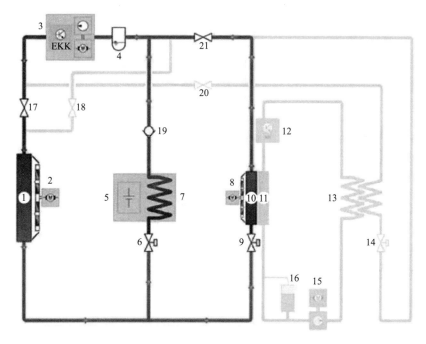

图 8-12 热泵制冷模式

1—冷凝器；2—冷却风扇；3—EKK 电磁阀；4—储液干燥器；5—高电压蓄电池；6—高电压蓄电池冷却回路电子膨胀阀；7—高电压蓄电池冷却回路；8—鼓风机；9—蒸发器电子膨胀阀；10—蒸发器；11—换热器；12—电加热器；13—热泵换热器；14—热泵换热器电子膨胀阀；15—电动冷却液泵；16—冷却液膨胀水罐；17—EKK 和冷凝器之间的制冷剂截止阀；18—冷凝器和储液干燥器之间的制冷剂截止阀；19—制冷剂止回阀；20—EKK 和热泵换热器之间的制冷剂截止阀；21—热泵换热器电子膨胀阀和储液干燥器之间的制冷剂膨胀阀

② 加热模式。当热泵的工作模式为加热模式时，制冷剂截止阀的状态与制冷模式相反，即 17 和 21 处在关闭状态，18 和 20 处在开启状态，这时制冷剂将流过热泵换热器。

在加热模式中，热量的去向将发生变化，不再是经过冷凝器而后排入大气，其目的地是暖风加热回路的冷却液。热泵换热器的出口处设置有电控膨胀阀，这一电控膨胀阀产生压力来集聚充足热量。空调蒸发器则依靠电控膨胀阀的作用获得制冷剂压力，这样做的目的是将回路再次关闭。蒸发器电控膨胀阀可发挥制冷效果，将电控膨胀阀激活，可以使蒸发器制冷剂压力升高，也能够使用先前产生的热量。经过散热之后，制冷剂将沿着相反的方向流经冷凝器，而后经过处于开启状态的制冷剂截止阀和储液干燥器达到 EKK。热泵加热模式如图 8-13 所示。

③ 混合模式。当热泵的工作模式为混合模式时，制冷剂截止阀 17、20 以及 21 均处于开启状态，18 则处于关闭状态。在混合模式下，制冷剂无法反向流动，同时处于高温高压状态的制冷剂将分成两路，其中一路将接受冷凝器的散热作用，而后对高电压蓄电池起到冷却效果，并对乘客舱进行除湿，除湿要用到冷却蒸发器，另外一路则在热泵换热器起到散热的效果。热泵混合模式如图 8-14 所示。

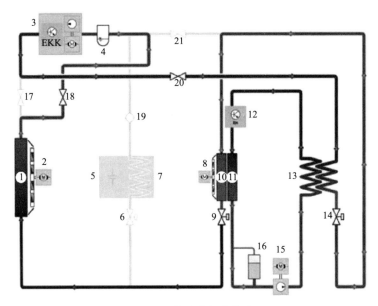

图 8-13 热泵的加热模式

1—冷凝器；2—冷却风扇；3—EKK 电磁阀；4—储液干燥器；5—高电压蓄电池；6—高电压蓄电池冷却回路电子膨胀阀；7—高电压蓄电池冷却回路；8—鼓风机；9—蒸发器电子膨胀阀；10—蒸发器；11—换热器；12—电加热器；13—热泵换热器；14—热泵换热器电子膨胀阀；15—电动冷却液泵；16—冷却液膨胀水罐；17—EKK 和冷凝器之间的制冷剂截止阀；18—冷凝器和储液干燥器之间的制冷剂截止阀；19—制冷剂止回阀；20—EKK 和热泵换热器之间的制冷剂截止阀；21—热泵换热器电子膨胀阀和储液干燥器之间的制冷剂膨胀阀

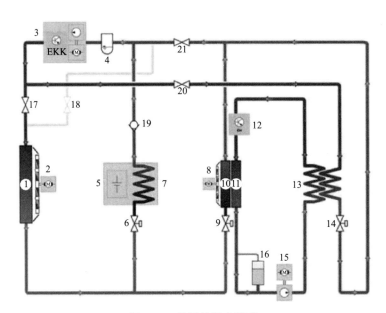

图 8-14 热泵的混合模式

1—冷凝器；2—冷却风扇；3—EKK 电磁阀；4—储液干燥器；5—高电压蓄电池；6—高电压蓄电池冷却回路电子膨胀阀；7—高电压蓄电池冷却回路；8—鼓风机；9—蒸发器电子膨胀阀；10—蒸发器；11—换热器；12—电加热器；13—热泵换热器；14—热泵换热器电子膨胀阀；15—电动冷却液泵；16—冷却液膨胀水罐；17—EKK 和冷凝器之间的制冷剂截止阀；18—冷凝器和储液干燥器之间的制冷剂截止阀；19—制冷剂止回阀；20—EKK 和热泵换热器之间的制冷剂截止阀；21—热泵换热器电子膨胀阀和储液干燥器之间的制冷剂膨胀阀

8.1.3 奔驰 EQC 车系热泵空调系统

EQC 是奔驰的首款纯电动汽车型，采用的是 EVA1 平台，这款车型搭载了奔驰的第 1 代热泵技术，即热泵 1.0 空调系统，这是一种间接式热泵空调系统。随后，奔驰陆续发布了 EQA、EQB、EQS、EQE 等多款车型，这些车型都配备了热泵 1.0 空调系统。2023 年 5 月，奔驰推出了新车型 EQE SUV，这是奔驰首款采用热泵 2.0 空调系统的车型。热泵 2.0 空调系统可以使用来自两个冷却回路的多余热量进行车内制热，减少车辆能耗，延长车辆续驶。奔驰纯电车型热泵空调系统的迭代情况如表 8-1 所示。

表 8-1 奔驰纯电动汽车热泵空调系统的迭代

平台	车型	车型代码	热泵空调迭代	热泵类型
EVA1	EQC	293	热泵 1.0	间接式
EVA1.5	EQA、EQB	243	热泵 1.0	间接式
EVA2	EQS	297	热泵 1.0	间接式
EVA2	EQE	295	热泵 1.0	间接式
EVA2	EQS SUV	296	热泵 1.0	间接式
EVA2	EQE SUV	294	热泵 2.0	间接式

我们选取奔驰的 EQC、EQB、EQE SUV 三款车型作为示例，对奔驰的两代热泵空调系统做一番讲解，主要涉及技术特点和工作原理。

我们先从 EQC 这款车型开始，其采用了 EVA1.0 平台和热泵 1.0 空调系统。EQC 的智能热管理系统可以实时监测电池温度，并进行温度的自动调节，以此保护电池的安全，同时也使得电池能够最大程度地发挥其性能。举例来说，当用户有充电需求时，会将充电站设为导航目的地，智能热管理系统由此了解到用户的充电需求，并提前将电池温度调整至对于充电而言的最佳温度，使用户得以花费更少的时间完成充电。此外，热泵技术可以提高系统的节能效率。热泵系统在电池包和空调系统之间建立起联系，行车过程中电池产生的余热可以用来制热，降低空调制热的能耗，提升用户在低温条件下的驾车体验。

动力电池会在温度过高时采用冷却液回路实施冷却。冷却液在冷却时用到的是动力电池冷却系统蒸发器（Chiller），这样可以保证动力电池处于最理想的输出状态。奔驰 EQC 空调制冷剂回路如图 8-15 所示。

奔驰 EQC 的热管理系统可用于冷却高压车载电气系统部件，以对车内空气温度做出调节，这个过程要用到低温回路 1 和低温回路 2 两个冷却液回路，如图 8-16 所示。两个回路是封闭的，相互之间未建立连接。

(1) 低温回路 1

低温回路装有一个冷却液泵，其转速是可以调节的，此外每条低温回路还有多个调节阀。低温回路冷却器的前方装有空气调节系统，作用是降低能耗，以及在车辆高速行驶状态下减缓发动机舱的冷却。空气调节系统的开闭由两个促动电机负责。

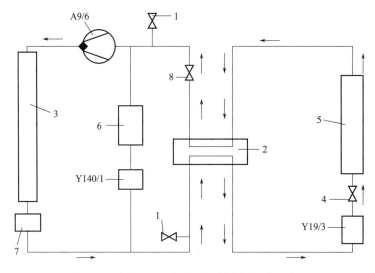

图 8-15 奔驰 EQC 车系空调制冷剂回路示意图
1—诊断插座；2—内部换热器；3—冷凝器（水冷）；4—前部膨胀阀；5—前排智能气候控制蒸发器；
6—动力电池冷却系统蒸发器（Chiller）；7—干燥剂瓶；8—止回阀；A9/6—电动压缩机；
Y19/3—前部蒸发器切断阀；Y140/1—膨胀阀

低温回路的冷却器一共有两个，它们被集成到了同一个冷却模块之中。冷却模块的后部中央装有用来通风的 M4/7 风扇电机（在图 8-16 中的编号为 8，以下均采用图 8-16 中的编号指代对应的部件）。风扇电机、空气调节系统以及冷却液泵都要由传动系统控制单元 N127 开启，这个过程要用到局域互联网。图 8-17 中编号为 5、6、10、11 的部件的冷却全部由低温回路 1 完成。

传动系统控制单元 N127 负责对低温回路 1 的温度实施调节，保持回路的温度处在适当的区间。在进行温度调节时，需要对编号 7 提供的数据进行分析，如有必要则启动编号 9。如果车外温度处于较低水平，冷却液会流经电力电子装置，并且此时其流量处

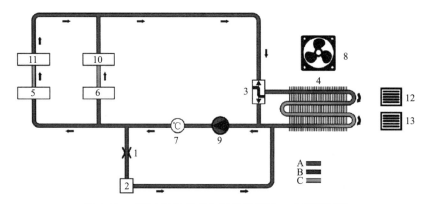

图 8-16 奔驰 EQC 车系空调低温回路 1 功能原理图
1—限制器；2—低温回路 1 膨胀容器；3—低温回路 1 自调节节温器；4—散热器低温回路 1；5—A79/1 电机 1；
6—A79/2 电机 2；7—B11/6 低温冷却液回路 1 温度传感器；8—M4/7 风扇电机；9—M75/14 低温回路
冷却液循环泵 1；10—DC/DC 转换器控制单元 N83/1；11—N83/11 动力电池交流充电器；
12—N142/1 上部空气调节系统控制单元；13—N142/2 下部空气调节系统控制单元；
A—加热后的冷却液；B—冷却后的冷却液；C—部分加热或冷却的冷却液

于最小值，而冷却液最小流量的具体数值与冷却液温度有关。低温回路 1 的功能原理如图 8-16 所示。

（2）低温回路 2

低温回路 2 的温度调节同样由传动系统控制单元 N127 负责，在实施温度调节时，N127 将评估低温冷却液回路 2 温度传感器 B11/7 所提供的数据，并且根据实际情况决定是否开启冷却液循环泵 M43/1。当车外温度发生变化时，高压动力电池会生成多余的且不可用的余热，这部分余热需要发散出去，借助与制冷剂回路之间存在连接的低温回路 2 冷却器和换热器来完成发散。高压蓄电池装有冷却转换阀 Y140，对此冷却转换阀做出调节，可以实现对低温回路 2 换热器的控制，调节和控制由传动系统控制单元来完成。制冷剂会喷射到换热器中，并在此实现蒸发，这部分制冷剂可用于冷却液的冷却，冷却液经过冷却后将前往低温回路 2。

有的换热器与高压蓄电池冷却膨胀阀之间呈相互隔离的状态，如果高压蓄电池处于低温状态，则冷却液会从此换热器经过。

如果需要启动能源管理系统，则由传动系统控制单元发出请求，请求要借助控制器区域网络来发送，接收方为智能气候控制系统控制单元 N22/1。接收到请求后，智能气候控制系统控制单元将启动电动制冷剂压缩机，这要借助局域互联网来完成，同时高压蓄电池冷却膨胀阀的开启也将受到控制单元的控制。制冷剂流经换热器时会将热量从低温回路 2 中提取出来，由此达到冷却的效果。电动制冷剂压缩机的输出功率会对实际的制冷效果产生影响。当高压蓄电池的电量低于一定数值时，电动制冷剂压缩机会进入关闭状态，此时其输出功率的数值为 0。

8.1.4 奥迪 Q5 e-tron 空调热管理系统

奥迪 Q5 e-tron 是一款中大型纯电 SUV，采用了 MEB 平台，这一车型有 3 排座位，有 6 座和 7 座两个版本。Q5 e-tron 是奥迪面向中国市场推出的第一款电动汽车，是中国市场的特供车型，由奥迪在中国的合资公司上汽奥迪生产。在新能源汽车市场极度活跃的中国，奥迪制定了电气化战略，意图在市场中占据一席之地，而 Q5 e-tron 这款车型在奥迪的电气化战略中占据关键地位。

下面我们将分析奥迪 Q5 e-tron 这款车型的空调热管理系统，其空调系统的组成部件有冷凝器、干燥剂滤芯、高电压蓄电池换热器、高电压加热器（PTC）Z130 等，空调系统的示意图及各组成部件的名称如图 8-17 所示。

（1）空调压缩机 V454

Q5 e-tron 空调系统使用的是涡旋式压缩机，空调压缩机的选择参考了制冷剂。空调压缩机 V454 中集成有空调压缩机控制单元 J842，此外还有控制单元 J979，两个控制单元借助局域互联网总线和加热器实现通信。空调压缩机中配备有一台三相电机，控制单元 J842 负责将直流电压转变为三相交流电压，直流电压的来源为高电压蓄电池 1 AX2。空调压缩机 V454 如图 8-18 所示。

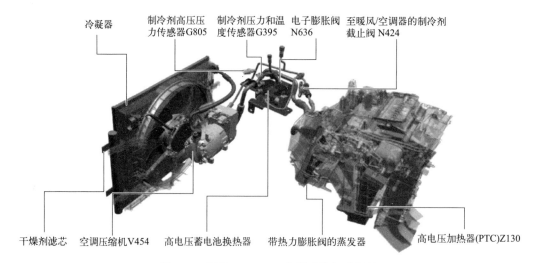

图 8-17 奥迪 Q5 e-tron 空调系统组成部件

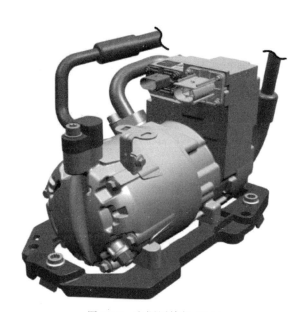

图 8-18 空调压缩机 V454

发动机舱的右前方位置设有一额外支架,用来安置电动压缩机,这样能够起到降噪的作用,减弱压缩机传到车内的噪声。与机械活塞式压缩机相比,电动压缩机不包含防阻塞保护装置。机械活塞式压缩机需要起到保护传动带的作用,避免传动带在压缩机损坏时发生断裂,传动带的断裂会引发严重后果,造成传动带驱动装置失去作用。

空调压缩机的制冷剂量与压缩机的转速有关,因此可通过调节转速控制输送的制冷剂量。从技术上说,涡旋式压缩机不会轻易地出现阻塞的情况,不过当压缩机的轴未处于旋转状态时,压缩机电子装置会判定压缩机发生了阻塞并将其关闭。

(2)制冷剂截止阀 N424

制冷剂截止阀为电磁阀,在断电时会处于开启状态。当电磁线圈处于通电状态时,将停止向空调装置蒸发器输送制冷液。这时,蒸发器循环回路不会泵送制冷剂,省去这一环节后，蓄电池在冷却阶段的能耗情况得到了改善。制冷剂截止阀 N424 的平均工作电压是直流 9~16V，平均工作温度则位于－40~80℃这一范围。制冷剂截止阀 N424 的结构如图 8-19 所示。

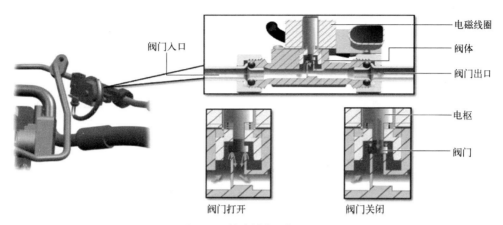

图 8-19　制冷剂截止阀 N424

(3) 高电压蓄电池换热器

高电压蓄电池换热器安装在车身前部纵梁的右前方位置。热交换发生在高电压组件的两个循环回路之间，即制冷剂循环回路和冷却液循环回路。将高电压蓄电池换热器与电子膨胀阀 N636 相结合，可对高电压组件进行主动冷却。在两种情况下，冷却器会进行主动冷却以降低蓄电池温度，一种是充电状态下蓄电池温度在 30℃以上，另一种是行驶状态下蓄电池温度在 35℃以上。高电压蓄电池换热器的结构如图 8-20 所示。

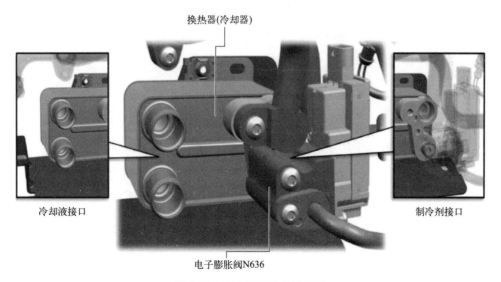

图 8-20　高电压蓄电池换热器

(4) 电子膨胀阀 N636

电子膨胀阀 N636 有着与球阀相似的工作原理，当其旋转角度发生变化时，由制冷剂膨胀到高电压蓄电池换热器的流量也会随之变化。电子膨胀阀 N636 的调节回路包含吸入侧制冷剂压力和制冷剂温度传感器 G395，在调节回路中可通过调节电动膨胀阀的横截面来满足不同的冷却要求。电子膨胀阀 N636 的工作压力为 45bar 即 4500kPa，高低压之间的压差为 30bar 即 3000kPa 左右。电子膨胀阀的主要组成部件和结构如图 8-21 所示。

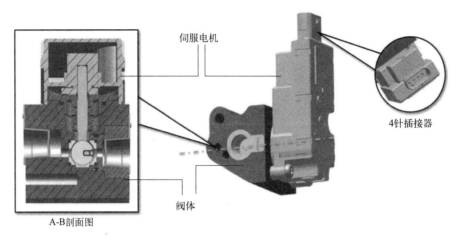

图 8-21　电子膨胀阀 N636

（5）制冷剂高压压力传感器 G805

类似于其他空调循环回路，制冷剂高压压力传感器 G805 借助局域互联网总线导线与加热器以及空调装置控制单元 J979 建立连接，总线导线与加热器及控制单元的连接位置位于车内空间的右下方。制冷剂高压压力传感器 G805 的管道接口安装有止回阀，借助此装置，能够做到在制冷剂不被吸出的前提下完成传感器的更换。3 针插接器由负极 1 脚、中间 2 脚、正极 3 脚组成，局域互联网总线导线安装在中间 2 脚上。制冷剂高压压力传感器 G805 的结构如图 8-22 所示。

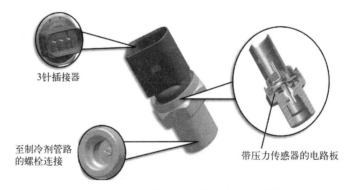

图 8-22　制冷剂高压压力传感器 G805 结构

（6）制冷剂压力和温度传感器

与制冷剂高压压力传感器 G805 情况相同，制冷剂压力和温度传感器 G395 的管道接口处也安装有止回阀，同样地借助此装置能够做到在制冷剂不被吸出的前提下完成传感器的更换。制冷剂选用的是 R134a（即 1,1,1,2-四氟乙烷），另外还配备有截止阀、电子膨胀阀、高电压蓄电池换热器各一个，由此制冷剂的流量将分配到汽车内部的不同系统，包括空间冷却系统和蓄电池冷却系统两种。制冷剂压力和温度传感器 G395 如图 8-23 所示。

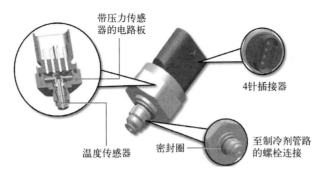

图 8-23　制冷剂压力和温度传感器 G395

调节系统的输入参数应包括吸入侧的压力和温度，这样才能借助高电压蓄电池换热器使得高电压组件的各项冷却要求得到满足。所以，为了获得温度和压力这两项参数，需配备第二压力传感器，这一传感器在测量压力的同时也可测量温度。传感器的拆装需使用专用工具，如工具头 T40284。另外此传感器的管道接口处也安装有止回阀，这样在更换传感器时不必吸出制冷剂。

8.2　国内主流新能源汽车热管理系统

8.2.1　小鹏 P7 的热管理系统

小鹏 P7 的热管理系统整体框图如图 8-24 所示。在热管理系统中，水路借助三通和四通水阀，以串联或并联的方式连通在了一起。

(1) 小鹏 P7 的热管理系统构成

小鹏 P7 的热管理系统由以下几个模块组成：

① 空调热舒适性系统。这一模块的主要实现载体是空调，空调可以发挥制热和制冷作用，也可以通过除湿和前挡除雾分别起到制冷和制热的效果，此外还能够根据车内的温度和空气循环状况作出相应的智能调节。

② 电池加热冷却系统。这一模块需要用到阀门，包括 1 个四通阀和 2 个三通阀，用串并联的方式连接电池和电机回路，实现高温、中温、低温、超低温四种温度状态下的温度调节。高温状态下需要对电池进行强制降温，这要借助电池换热器和制冷剂来完成。中温状态下需要对电池进行散热，散热由前端低温散热器来完成，前提条件是电池回路和电驱回路之间建立串联，这要借助四通阀来实现，散热的主要作用是降低电动压缩机的功耗。

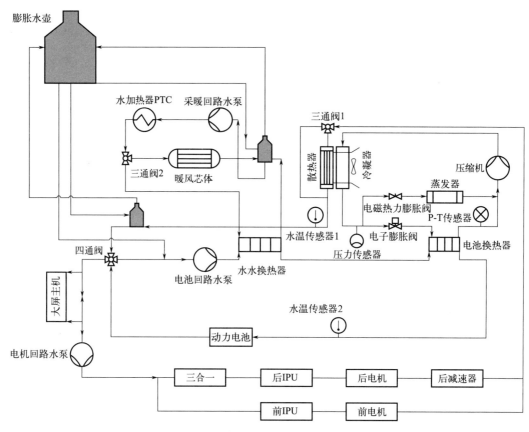

图 8-24 小鹏 P7 的热管理系统整体框图

在低温状态下,为了防止温度继续下降,低温散热器应处于短路状态,这需要借助三通阀来实现,同时电池和电机回路之间为串联状态,电机的余热被回收以用于提高电池的温度。超低温状态下电池需要在短时间内快速升温,这要借助水水换热器加热电池回路的方式来实现,此过程要用到三通阀。

③ 电驱冷却系统。这一模块主要用于电机控制器和电机的散热,分别借助电动水泵和低温散热器来实现。

④ 扩展处理器、大屏主机散热。当温度和温升速率达到一定数值时,开启电机水泵,这时电机回路中的部分流量会被分配到扩展处理器和大屏主机的水冷板,启动冷却功能,由散热器或旁通实施散热。

⑤ 补水排气系统。补水和排气分别要用到膨胀水壶和分水箱,电池、电机和暖风回路连接膨胀水壶以获得补水。用于排气的分水箱有两个,一个对应的是电池和电驱系统,另一个对应的是暖风回路。

(2) 小鹏 P7 的热管理控制策略

上面简要介绍了各个模块的功能,下面将阐述其采用的热管理具体策略:

① 电机冷却控制策略。电机冷却控制原理如图 8-25 所示。VCU 负责实施电机冷却控制,如果电机回路中某器件的温度超出了正常的范围,VCU 就会启动电机冷却。在电机冷却状态下,电机回路水泵和电子风扇的转速将得到调节,HVAC(heating, ventilation and air conditioning,暖通空调)会将图 8-26 中的三通阀 1 的位置调整到散热器处。电机冷却系统的开启条件为各部件的温度达到设定值以上,这一设定值对于电机、IPU(图像处理单元)、DC/DC(直流变换器)、OBC(车载充电机)来说分别是 75℃、45℃、60℃、50℃。在进行电机冷却的过程中,要用到三通阀散热器。

电机冷却要遵循特定的回路,回路的起点和终点为电机回路水泵,中间依次经过电机系统、三通阀 1、散热器/旁通器、四通阀、电机回路水泵。

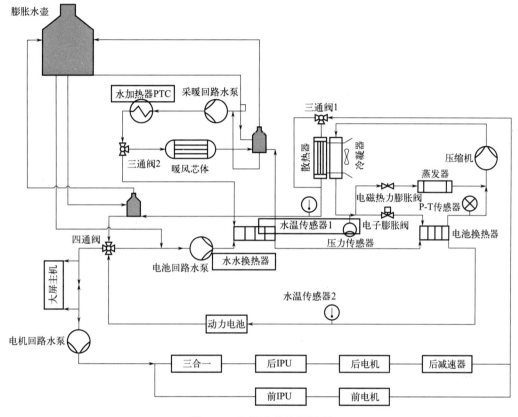

图 8-25 电机冷却控制原理

② 电池冷却控制策略。电池冷却控制原理如图 8-26 所示。电池冷却可应用于充电场景下,此时 BMS 电池管理系统针对电池是否需要进行冷却的问题做出判断,VCU 负责判定是否已经具备电池冷却所需的条件。冷却方式的选择要参考温度状况,包括环境温度,以及电池回路和电机回路的水温。HVAC 根据以上条件决定是否使用压缩机进行电池冷却,如果采用压缩机冷却的方式,则启动压缩机和水阀,同时还要用到水泵和风扇。

电池冷却回路的起点和终点为压缩机,中间依次经过冷凝器、电子膨胀阀、电池换热器。

除了充电场景下的电池冷却外,电池冷却用于行车场景,行车场景下的电池冷却同样由 VCU 进行条件判断,也同样由 HVAC 做出是否使用压缩机进行冷却的判断。行车场景下电池冷却的回路依次经过电池回路水泵、动力电池、水水换热器、电池换热器。

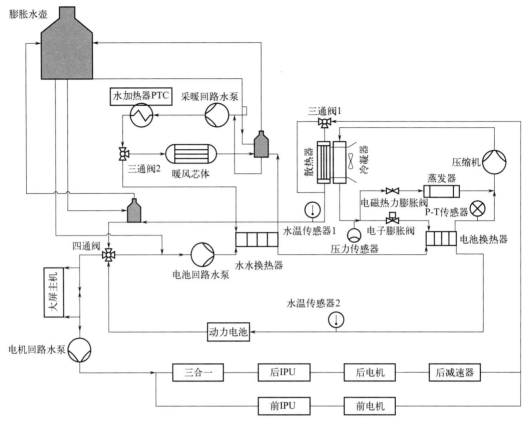

图 8-26 电池冷却控制原理

③ 充电模式下的电池加热控制策略。充电模式下的电池加热控制原理如图 8-27 所示。BMS 参照电池状态针对电池是否需要进行加热的问题做出判断，VCU 依据整车状态得到高压系统状态，并将其发送出去，HVAC 通过计算得到电池需要的水温数值，并通过 PTC 热敏电阻和水泵实施加热。

这一电池加热控制有两条冷却回路：一条以电池回路水泵为起点和终点，中间依次经过水水换热器、电池换热器、动力电池、四通阀；另一条以采暖回路水泵为起点和终点，中间依次经过水加热 PTC、三通阀 2、水水换热器、采暖回路水泵。

④ 电池热平衡控制策略。电池热平衡控制原理如图 8-28 所示。电池电芯温度的最大值与最小值之间的差值，以及电池温度最大值、最小值与电池回路水温之间的差值，都应保持在适当的范围内，避免差值过大导致冷热冲击。冷热冲击的应对措施是电池热平衡，需要用到电池回路水泵，电池热平衡冷却回路的起点和终点为电池回路水泵，中间依次经过动力电池、水水换热器、电池换热器。

⑤ 电池 LTR 冷却和电机余热回收控制策略。电池 LTR（low temperature radiator，低温散热器）冷却和电机余热回收控制由电池 LTR 冷却、电池预冷、电机余热回收三部分组成，其原理如图 8-29 所示。

• 电池 LTR 冷却：当环境温度低于 25℃，而电池处于温度较高的状态时，将四通阀调整到另一位置，这时电池回路和电机回路之间将形成串联，借助散热器实施散

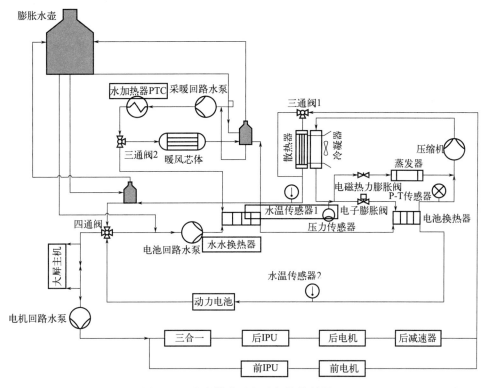

图 8-27　充电模式下电池加热控制原理

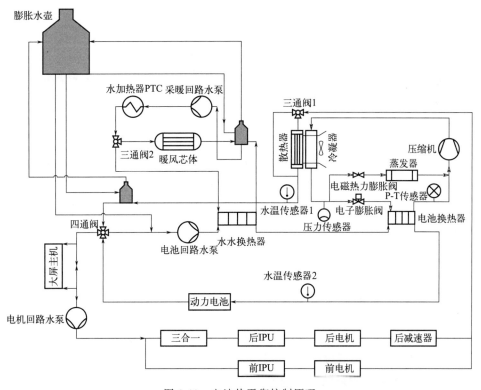

图 8-28　电池热平衡控制原理

第 8 章　热管理系统案例解析　165

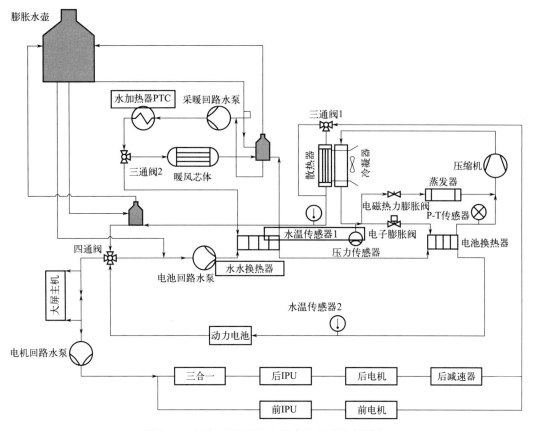

图 8-29 电池 LTR 以及电机余热回收控制原理

热,降低电池温度,进而减少电池的能耗。

- 电池预冷:这是一种预防性操作,当电池温度呈现出升高趋势,且很快就会达到需实施冷却的温度时,借助散热器提前冷却电池。

- 电机余热回收:上面两部分用来应对电池高温状态,这部分则用来应对电池低温状态。电池处在低温状态,同时电机回路水温比电池回路水温更高,且差值达到了一定数值,这种情况下让电池回路和电机回路处于串联状态,将电机的余热回收起来,通过电机回路温度加热电池,让电池温度回到正常范围内。

电池 LTR 冷却和电机余热回收控制的冷却回路比较复杂,其起点和终点为四通阀,中间依次经过电机回路水泵、电机系统、三通阀 1、散热器/旁通器、四通阀、电池回路水泵、水水换热器、电池换热器、动力电池。

8.2.2 广汽埃安热管理系统

广汽集团是一家大型汽车企业,其旗下的广汽埃安是一个新能源汽车品牌,且在热管理技术的研究方面已经取得了一定的研究成果。

广汽 AION S 热管理系统可以通过 PTC 模块制热的方式来进行电池加热和空调制热,通过水冷换热的方式来进行电池冷却,与此同时,该系统还为三合一电驱动总成和车载充电机专门提供了单独的水冷换热循环服务和余热回收服务，能够通过电池保温的方式保护电驱余热，提高热量的利用率，进而达到节约能源的效果。

广汽 AION LX 温控 4.0 系统相当于升级版的广汽 AION S 热管理系统，该系统具备双层流热泵空调系统，能够有效防止车辆出现低温结霜问题，同时也能够为车辆驾乘人员提供温暖舒适的环境。不仅如此，当车辆处于 0～10℃ 的低温环境中时，广汽 AION LX 温控 4.0 系统还能够在一定程度上减少能源浪费，提高车辆的纯电续驶里程。

广汽埃安提出的温度控制方案已申请相关专利，同时该方案也是电池温度控制方面的关键技术，车辆可以在应用热泵电池直冷直热技术的基础上借助该方案实现对电池温度的控制。

8.2.3 比亚迪汽车热管理系统

比亚迪是一个业务布局覆盖汽车、电池、电子、新能源和轨道交通等多个领域的汽车企业，也是全球第二大充电电池生产厂家。为了自身的长足发展，比亚迪在电动汽车的研发方面投入了大量资源。2022 年，比亚迪不再生产传统燃油汽车，而是选择进一步加大对纯电动汽车和插电式混合动力汽车的研发力度，不仅如此，比亚迪也加强了对新能源汽车热管理技术的研究，并取得了一定的研究成果。

下面我们对比亚迪汉、唐和海豚这三款车型的热管理进行简单分析。

（1）比亚迪汉、唐热管理系统

比亚迪汉、唐热管理系统均采用了水冷换热原理，既可以借助空调系统电子膨胀阀和电池包来进行冷却，也可以利用 PTC 水加热器来对冷却液进行加热，防止电池出现温度过低等问题。不仅如此，该系统还具备三个挡位的电池热管理设置，能够为处于各个优先级的空调和电池提供冷却处理服务。除此之外，该系统中的空调采暖 PTC 还能够直接进行加热，具有能量利用率高的优势，但同时也需要耗费更多能量。比亚迪汉、唐热管理系统原理图如图 8-30 所示。

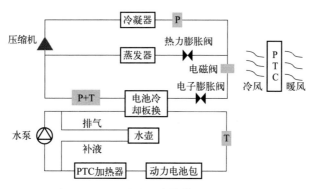

图 8-30 比亚迪汉、唐热管理系统原理图

就目前来看，比亚迪 410A 热泵系统能够满足 −10℃ 时的采暖要求，且增焓热泵正处于实车试验阶段，电池包直冷直热和增焓热泵技术的应用也可以为车辆在低温环境中采暖提供强有力的支持。

(2) 比亚迪海豚热管理系统

比亚迪海豚的热管理系统采用的是热泵空调系统，如图 8-31 所示，其中在热管理集成模块上集成了许多部件，包括 6 个电磁阀、3 个电子膨胀阀、9 个制冷剂管接头。

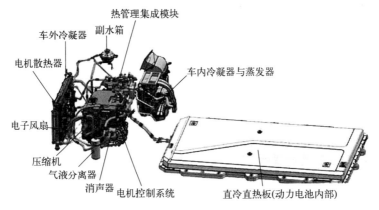

图 8-31　海豚热泵空调系统

在海豚的热泵系统中，阀岛设计与特斯拉的集成化方案有一定的相似之处。海豚的阀岛设计中包含了冷媒回路的大规模集成，集成的对象包括制冷剂回路中相当一部分控制组件。海豚车型热泵空调的原理，如图 8-32 所示。

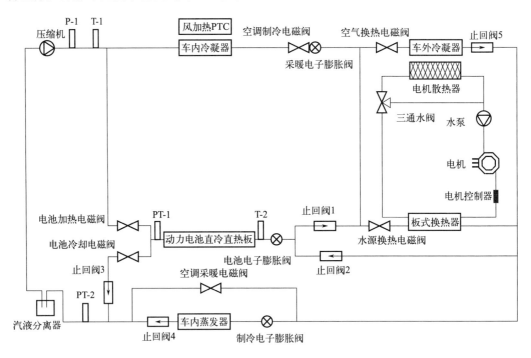

图 8-32　海豚车型热泵空调原理示意图

图 8-32 中包含了制冷剂的多个传感器，传感器分为压力及温度传感器、压力传感器、温度传感器三种，图中分别用 PT、P、T 表示。图 8-32 中有压力及温度传感器 PT-1、PT-2，压力传感器 P1，温度传感器 T-1、T-2。

在制冷和制热的场景下，热泵空调遵循的运行逻辑有所差异。

当热泵空调系统制热时，会启动压缩机，采暖电子膨胀阀处于工作状态，水源换热电磁阀、空调采暖电磁阀两阀门将处于开启状态，制冷剂借助板式换热器从电驱动单元处获得热量，并使用车内冷凝器将热量释放出来，在低温状况下起到制热作用。如果出现极低温状况，则需要 PTC 加热器实施辅助加热，使热泵空调得以在更大的温度范围内发挥作用。

如图 8-33 所示，黄色线条和红色箭头分别表示空调制热时制冷剂流动的路线和方向。路线的起点和终点为压缩机，中间依次经过车内冷凝器、采暖电子膨胀阀、水源换热电磁阀、板式换热器、空调采暖电磁阀、汽液分离器。

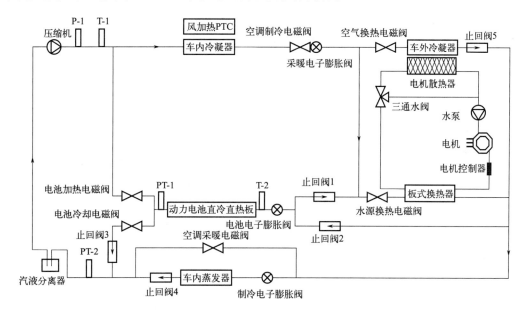

图 8-33 空调制热循环

当热泵空调系统制冷时，压缩机开启，制冷电子膨胀阀处于工作状态，空调制冷电磁阀和空气换热电磁阀两阀门处于开启状态，制冷剂借助车内蒸发器将吸收热量，并使用车外冷凝器将热量释放到车外，在高温状况下起到制冷作用。

如图 8-34 所示，蓝绿色线条和蓝色箭头分别表示空调制冷时制冷剂流动的路线和方向。与制热时相同，制冷时制冷剂流动路线的起点和终点为压缩机，中间依次经过车内冷凝器、空调制冷电磁阀、空气换热电磁阀、止回阀 5、制冷电子膨胀阀、车内蒸发器、止回阀 4、汽液分离器。

8.2.4 理想 ONE 的热管理系统

理想 ONE 这款车型采用的动力类型是增程式混合动力，需要用到一个增程器，所以此车型共有电池、乘员舱、电驱系统以及增程器 4 个热管理对象。4 个热管理板块之间协同运作，实现热利用效率最大化。理想 ONE 热管理系统如图 8-35 所示。

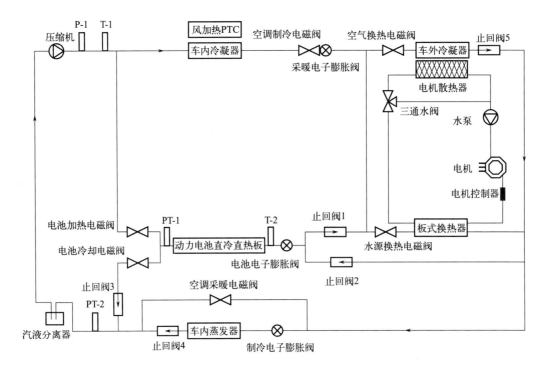

图 8-34 空调制冷剂的流动路线

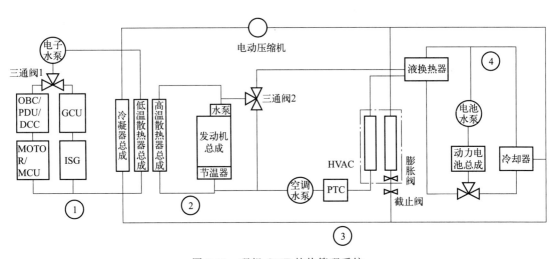

图 8-35 理想 ONE 的热管理系统

理想 ONE 的热管理系统中有多向流量控制阀，控制阀以恰当的方式开闭，能够提高增程器、电池组、空调之间热量传递的精确性以及热量利用的效率，这是这套热管理系统的关键所在。功率无级调节的实现载体是整车控制器，其应用范围非常广泛，可应用在流量控制阀、水泵、空调压缩机等部件，以及安装在前端冷却模块上的散热风扇等。功率无级调节在热管理中发挥着关键作用，可以保持电池、增程器、电动机等重要部件的工作温度处于正常范围内。前端冷却模块共集成了五个模块，除了散热风扇之外，还有冷凝器、低温散热器、高温散热器、中冷器。

8.2.5 吉利几何C热管理系统

吉利几何是吉利汽车集团旗下的子公司,致力于打造高性价比的纯电时尚产品。几何C是吉利几何推出的第一款运动型多用途汽车(sport utility vehicle,SUV),也是几何+开源共享平台的第一个载体。除此之外,吉利几何还自主研发了行业内第一款智慧能源管理系统(smart energy management system,SEMS),并将其装配到几何C当中,大幅提高了几何C的续驶能力和续驶精准度。

几何C的乘员舱搭载了热泵空调技术,同时几何C也装配有ITCS3.0电池液冷温控管理系统,能够精准控制电芯单体的温度,将温差维持在±2℃以内,除此之外,动力电池的热管理控制系统的循环体系中还装配有水冷板控制模块和PTC控制模组,能够为电芯提供高温散热伺服和低温余热伺服。几何C热管理系统原理如图8-36所示。

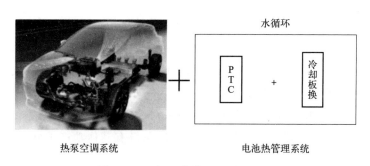

图 8-36 几何C热管理系统原理图

上面我们介绍了几家车企旗下的新能源车型所采用的热管理系统,从中可以窥见热管理系统在当前阶段呈现出的趋势,即追求更高的效率和精细程度,并越来越多地采用集成化方案,概括说来就是高效化、精细化、集成化。

高效化即通过热管理有效降低系统能耗,用更小的能耗发挥更大的作用,提供更多的服务,能效的提升是评价一套热管理系统的重要标准。

精细化主要体现在控制方面,相较于传统燃油汽车,新能源汽车要求热管理系统具备更高的精准度。温度会在很大程度上影响动力电池的性能,关系到动力电池的安全性,因此应通过热管理精确控制动力电池的温度。此外,新能源汽车的电机功率密度较高,更多地运用了智能化技术,相应地半导体器件的功耗有所提高,因此同样也需要对电驱以及电子器件的温度实现精确控制,提升热管理的精准度。

集成化可以提高系统效率,具体方式是完善管路设计和排布,将压降以及换热时产生的损失降到最低。采用集中式排布,热管理系统实现了平台化,其应用范围得到了扩大,可适用于更多车型,有利于实现标准化设计。对控制器进行集成,发挥控制器之间的协同作用,能够更好地控制整车的线束和电子芯片,对系统方案作出优化。

8.3 特斯拉热管理系统的迭代与演进

8.3.1 特斯拉热管理系统技术概述

近年来,汽车行业逐步向电气化、智能化方向发展。热管理系统在电动汽车体系中不仅起到了维持机体温度,提高驾驶舒适等作用,更与能耗和行程安全问题息息相关。各大厂商也在热管理系统领域投入精力,设计了一系列结构复杂、控制精细的热管理系统设计结构。总体看来,电动汽车热管理系统展现出了模块化、稳定化和精确化的发展特点。目前电动汽车热管理系统设计面临着一系列困难,其中较为棘手的问题就是汽车续驶里程和行驶过程中舒适度的矛盾。

强势崛起的特斯拉提前布局电动汽车发展,在电动汽车领域的研究设计领先于大部分传统车企。特斯拉通过近年来在电动汽车行业的持续耕耘,已展现出行业内领军者的态势。下面我们对特斯拉在热管理系统技术方面的发展创新进行详细分析。

从 2008 年的第一款电动汽车 Tesla Roadster 上市以来,特斯拉旗下已有五款电动汽车问世。依据上市时间和车型的不同,可以把特斯拉电动汽车热管理系统技术发展史简单分为四代。Tesla Roadster 代表了特斯拉最初代的特斯拉热管理系统设计,大体上沿用了传统汽车的独立式热管理系统,热管理回路没有其他功能关联,总体结构简单、耦合性较差。

以 Tesla Model S/X 为代表的第二代热管理系统在技术上取得了巨大突破。首先将四通阀引入内部系统,开创业内电机、电池回路互连的先河。从 Tesla Model 3 开始,特斯拉开始使用第三代热管理系统。这一代系统使用了电机堵转加热技术,可以利用热管理回收驱动电机产生的热能,在驱动电机不进行旋转工作时,也可以使用让电机作为临时热源使用。在电机堵转加热技术的加持下,特斯拉废除了老式的电池回路热敏电阻检测,进一步压缩成本。乘务舱的风暖 PTC 方案也得到进一步优化,改变布线结构和暖风路径,在乘务舱内划分出阶梯化温度区间。在冷却系统中,集成式储液罐代替了四通阀的位置,形成更易维修管理的冷气结果,进一步降低日常维修成本。

Tesla Model Y 代表了特斯拉在热管理系统研究中的最前沿成果。最新使用的热泵系统安放于左前轮左侧,配合电机堵转技术实现能耗减少和效率提升。在环境温度较低、车体能源不足时,热泵系统可以回收散失的热能用于维持机体温度。用整体的温度控制代替了单一的高压风暖 PTC,实现车内温度动态平衡。冷却液模块的主体由八通阀构成,八通阀集成了特斯拉自主研究的 2 个四通阀和 1 个三通阀,可以快速便捷地在多个不同功率的热管理系统之间进行切换,对更多的工作环境进行适配。

特斯拉公司致力于电动汽车热管理技术发展,在技术和结构上有所创新。特斯拉的集成式内部系统提供了一条电动汽车热管理技术的新路线。

8.3.2 特斯拉第1代热管理系统

特斯拉第1代热管理系统拓扑结构如图 8-37 所示,电机回路、电池回路、HVAC 回路和空调回路之间基本保持平行,依靠较小的部件接口来连接回路。整体呈现区域模块化的设计思路,不同功能之间也基本没有互动。

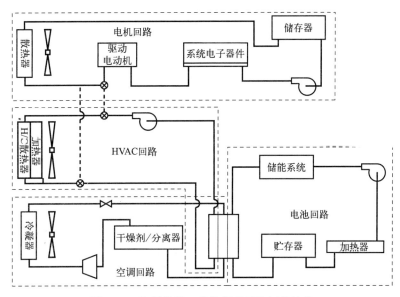

图 8-37 特斯拉第1代热管理系统拓扑结构

电机回路的主要功能是依靠线路上的电子水泵、膨胀水箱、冷却风扇和电机散热器等进行冷却散热,为不同元件适配不同的温度区间,以保证稳定的功率输出功能实现。

电池回路主要包括动力电池、换热器、膨胀水箱、高压 PTC 和电子水泵等元件,它的工作包括了制冷循环和采暖循环两部分。在采暖循环中通过驱动余热和高压 PTC 实现动力电池升温,提高低温环境下的电池性能。高温环境下及时通过电池冷却液和空调系统进行热量交换,防止动力电池过热,延长电池使用寿命。

HVAC 回路的主要元件有散热器、高压 PTC、鼓风机、换热器和电子水泵等。低温环境下,HVAC 回路通过风暖散热器对来自鼓风机的冷空气进行预加热,提供乘员舱内的必要温度;高温环境下,换热器直接与空调系统进行互联,通过散热器把鼓风机吸入的高温气体流转移到 HVAC 回路中实施冷却,达到乘员舱降温的目的。

空调回路保留了单蒸发器空调的结构,实际配置往往与压缩机、冷凝器、换热器等部件协同工作。压缩机是空调系统的核心部件,由压缩机驱动制冷件进行制冷工作,中间通过换热器与电池系统回路和 HVAC 系统回路进行气体交换,实现总体制冷。

电机回路与 HVAC 回路上布置了 3 个控制阀,初步实现结构集成。通过控制阀连接来回收电机回路的多余热能,进而起到为 HVAC 回路预加热的功能。较低的温度环境下,HVAC 回路上的散热器可以用储存的热能对鼓风机吹来的低温空气进行初步加热,削减高压 PTC 加热的能源消耗。

8.3.3 特斯拉第 2 代热管理系统

以 Tesla Model S/X 车型为代表的特斯拉第 2 代热管理系统在耦合度方面有所提升。四通阀控制结构的引入,打破了电机回路与电池回路之间的孤立情况,实现了基本的功能交互。空调系统由单蒸发器结构升级为双蒸发器结构。特斯拉第 2 代热管理系统拓扑结构如图 8-38 所示。

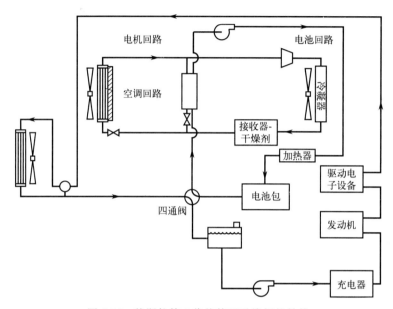

图 8-38 特斯拉第 2 代热管理系统拓扑结构

空调回路的中心空调组件沿用了传统的架构。第二代系统的创新点在于乘务舱内蒸发器和冷媒-水换热器,通过阀门开关,独立实现乘员舱和电池回路的冷却工作。乘务舱方面,取消第一代的 HVAC 冷却回路,直接在蒸发器内进行相变吸热过程来降低乘务舱内的温度。直接制冷方式的效果更好,损耗更低。冷媒-水热联合交换方式实现了更加精确的热量流动,能依据具体需求进行制冷量分配。外置的散温器实现了闲暇时刻的热量收集,满足乘务舱中的取暖要求时可以利用循环系统中的余温和高压风暖 PTC 进行联合加热。

电机回路内的四通阀结构连通着一旁的电池回路,更有利于进行热量交换和功能实现。统一冷却的泵入可以进行额外的冷却循环,补充了车载充电机的温度控制。主体上依旧以外置低温散热器为主进行冷却,新添加的三通阀结构实现了外置低温散热器对其他车体结构的直接连接,从而将机器产生的热能回收到其他工质中,进行耗散热能的进一步利用。

为保证不同回路之间连接和交换的畅通稳定,特斯拉在电池回路和电机回路中选用了多种冷却工质,冷却工质可以自由地在串联后的不同回路中进行交互,冷却工作也上升到了整车冷却的层面。在电动汽车需要加热时,开启四通阀将电机回路与电池回路变为串联模式，电机回路中耗散的余热可直接供电池回路使用，削减了高压PTC制热的能源损耗。串联模式也可以应用于环境温度较低条件下的电池冷却工作，电池回路将自身多余的热量传递给电机回路，再通过电机回路的散热器进行冷却，避免额外调用空调系统产生的大量损耗。

电池系统和电机系统可以在不同的工作环境中自由切换串并联模式。在进行实验条件下的模拟行驶或是两系统的工作状态不满足串联条件时，主控单元可以控制四通阀断开系统连接，将两个回路调整为并联状态，实现不同系统的独立管理。

在线下安装的热管理系统可能会因为成本等原因进行变更，同一代热管理系统的元件之间也可能会存在差异，但它们热管理系统的总体结构是一致的，没有本质的区别。

8.3.4 特斯拉第3代热管理系统

Tesla Model 3 代表着特斯拉第3代热管理系统。这代热管理系统没有出现较大的结构改变，主要是增加了一些提高体验的新型元件。总体的结构设计呈现出模块化的特点，在驱动电机和储液器方面取得了一定的技术创新。

(1) 风暖PTC新技术

第3代热管理系统维持了传统空调结构，但使用电子冷却系统对体系效能进行了升级。用于人员取暖的高压风暖PTC结构也进行了改进，更新了驾驶侧与副驾驶侧的风暖PTC的正温度因子材料和标准时域控制，延长后的风暖PTC加热体跨越了驾驶侧与副驾驶侧两条风道，实现了同车不同部位上的分区加热控制。风暖PTC加热器分区示意图如图8-39所示。

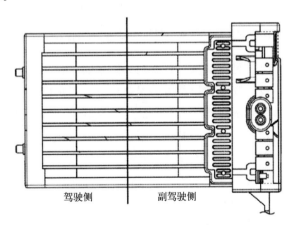

图 8-39　风暖PTC加热器分区示意图

风暖PTC加热器的核心部件是多个加热芯密集化加热元件。每个加热芯可按长度划分为8个连续的梯度加热单元。通过改变每个单元采用的正温度系数电阻材料用量来改变每个单元的发热量。图8-40中的加热芯各个单元的正温度系数电阻材料的用量不同，电流接通的情况下会产生不同的热量和表面温度。控制加热芯中加热单元的用量并与两侧的气体通道结合,从而输送出不同温度的舱内气体。在分区温度控制中需要通过 IGBT 开关进行加热芯位置和数量的控制,最终输出所需的不同分区温度。

图 8-40 具有非对称正温度因子的 PTC 加热芯示意图

风暖 PTC 有升温快、结构简单等优点,但还是有散热多、控制难等缺陷。同时期其他厂商开始转向水暖 PTC 的空调分区控制,而特斯拉继续进行风暖 PTC 的改良工作,对精准控制和散热处理功能方面进行细化处理,延长了风暖 PTC 的产品寿命。

(2) 驱动电机新技术

该代驱动电机采用了体积较小、重量较轻的油冷电机进行热量传递。油冷电机有冷却效率高、绝缘性能好等优点。驱动电机实现了不同效能环境上的适配,通过改变电机的发热功率来适应不同的工作环境。中央系统控制四通阀实现电池回路和电机回路的串并联,提高电机在低效环境下余温加热。这种提高循环热量利用率的方法有效节约了能源损耗,也使特斯拉有余力取消高压 PTC 设备,减少开销。电机低效制热模式对电池回路进行加热的运行示意图如图 8-41 所示。

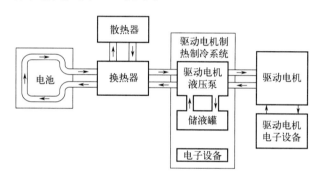

图 8-41 电机低效制热模式加热电池回路示意图

极端环境下的电池启动是电动汽车行业长久以来的难题,在冬季的低温环境中,必须进行快速升温来提供设备部件工作所需的温度环境。正常串联情况无法满足升温需求时,驱动电机转而进入低效制热模式。此时的电机控制通过减小电机定子线圈旋转磁场与转子永磁体的相位角,提供较小的发热功率。动力电池在行程过程中自由地调整角度进行发热功率的调整,保证电机转子在旋转和静止两种状态中自由切换。

为了实现低效制热模式下进行高效的热量转移,特斯拉设计了一套专用电机润滑油回路。换热器可以转移一部分电机低效制热模式产生的热量到电池回路中,进行电池回路的预热操作。热量转换系统的结构设计提高了机械结构中的传动效率,并且永磁转子的功率损耗也降低到了原来的十分之一甚至更少的程度。低效制热过程中会产生远大于普通驱动过程的热量,所以可以直接利用余热来代替回路中高压 PTC 的作用。电机低效制热模式润滑油和热流量途径如图 8-42 所示。

(3) 集成式储液罐技术

传统的热管理设计往往由大量零散部件及平行线路组成,它们的连接端口脆弱易

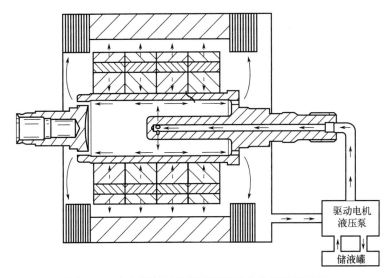

图 8-42　电机低效制热模式润滑油和热流量示意图

损，这无疑增加了车体的运行风险和维护成本。不同部件的安装规格与路径各不相同，往往需要专业人士耗费较长时间完成工作。这种分散式设计影响着总体效益及出货量。

第 3 代特斯拉热管理系统开始使用集成式储液罐设计，将分散化的膨胀水箱和冷却部件耦合设计，在小范围的储液罐中实现邻近功能的调配使用。该集成模块涵盖了四通阀、电机水泵、电池水泵、换热器和散热器等部件，但能保证其中的各功能部件并行不悖地执行指令。内部一体化设计减少了多余的接口和端头数量，从而减少了一系列复杂的连接问题。一体化的储液罐更适合于流水线上的装配作业，这有效削减了维护成本。

8.3.5　特斯拉第 4 代热管理系统

目前最新颖的热管理系统来自特斯拉最新研发的 Tesla Model Y，其架构代表着特斯拉第 4 代热管理系统的正式发布。如图 8-43 所示，第 4 代热管理系统中只包含了空调系统回路、电机系统回路和电池系统回路。

特斯拉在 Tesla Model Y 车型上使用了自己研发的热泵空调系统。热泵空调系统在工业领域有诸多应用，然而在电动汽车方面应用较少。热泵系统不需要设立单独的外置冷凝器，而是通过管道连接和换热器的搬运功能，实现对全车元件散热的综合再利用，达到整体上的热量交互。

极端低温环境下的初温启动工作也得到改善，空调系统压鼓机和鼓风机电机协同保证了低温环境下的制热效率。极端低温的启动工作中，空调压缩机的电机会先生成少量带动性热量，鼓风机电机却能产生高达 400W 的热量，用 2 个廉价低压 PTC 就能实现原来昂贵的高压 PTC 的效果，两者产生的热量足够保证热泵系统在 -30℃ 的极端环境

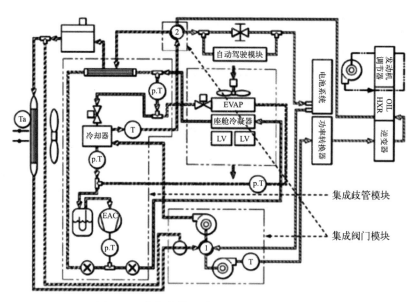

图 8-43 特斯拉第 4 代热管理系统拓扑结构

下维持稳定功效。小型制热装置的结合也减少了热泵交互工作中的噪声产出,降低噪声、振动与声振粗糙度(noise、vibration、harshness)问题的发生。

热泵系统从全车元件中获得热源。由于动力电池本身有热容高、密度大的特点,热泵系统也将动力电池回路视作一个独立的热量存储装置。从动力电池中获得热量也需要评估车辆的运行情况,在不影响动力系统供应的情况下进行与电池回路的耦合式热量交换。

Tesla Model Y 热泵空调系统可与智能终端搭配使用,用户通过 Tesla Mobile APP、车载循环日程 APP 登记行程内容后,系统就可以通过内部的自适应推断程序得出一般情况下的出行时间,然后通过整车热管理预调节模式提前控制车内温度。

Tesla Model Y 配置了全新的集成歧管模块和集成阀门模块,体现了特斯拉对热管理系统模块化的深化改进。集成歧管模块实现了热管理系统管道的压缩集成,将整个热管理系统的核心部分紧凑地集成到不到一个手提箱大小的空间中。位于冷却液支架之后的八通阀(octovalve)能够通过控制步进电机的动作,使电机处于不同的位置之中,从而控制冷却液在不同回路中流动。结构上可以简单地把八通阀结构看作 2 个四通阀结构的组合。

回顾特斯拉公司热管理系统技术发展历程,我们能清晰地看到不同系统之间的硬件和结构差异,如图 8-44 所示。

随着热管理系统技术的不断发展,应用于电动汽车中的热管理结构也在不断更新进步。电动汽车的热管理系统技术向集成化、智能化和轻便化发展。特斯拉公司也在硬件适配和日常维护中投入精力,让电动汽车的装配速率和维护性能都得到了改善。

特斯拉集团的创始人兼首席执行官马斯克十分推崇第一性原理的思维,他认为要削减事物的附加属性以达到事物的根本性质,这种把握源头的方法有利于从根本上解决问题。

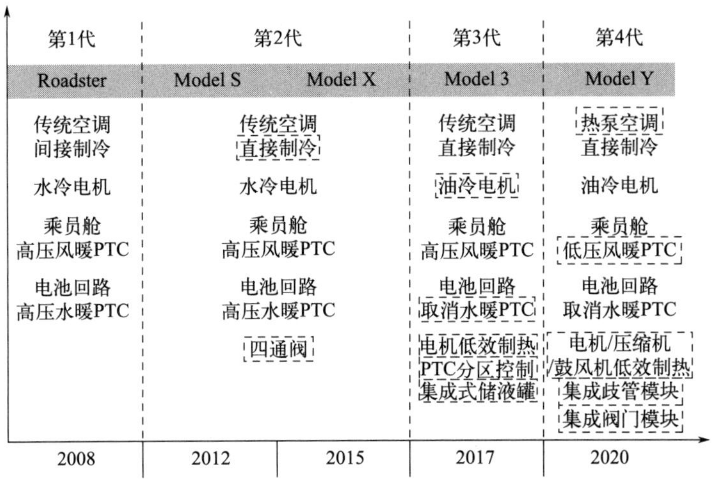

图 8-44 特斯拉热管理系统技术发展时序

综上所述，我们可以总结出特斯拉热管理系统的发展历程：

第 1 代热管理系统设计总体上沿用了传统汽车工业的设计，工作回路之间保持平行结构，没有功能上的相互连接。空调系统也采用了间接制冷的方法，可以使用简单的接口控制将电机回路的余温用于对乘务舱的预热工作。

第 2 代热管理系统开始进行模块化的改进，新的四通阀结构实现了电池回路和电机回路之间简单串并联交互。热管理回路整体之间显现了一定的功能协助。使用蒸发器直接对乘务舱进行制冷来缓解传统空调系统的功耗问题。

第 3 代热管理系统整体没有大的变更。主要是用高性能部件替换了原先技术落后的组件。这一代热管理系统更注重生产效率和日常工作损耗方面的优化。

第 4 代热管理系统也是特斯拉公司最新研发的热管理系统。热泵空调系统的使用大大提高了整体余热的利用效率，但也提高了元件控制和系统调度的难度。这代热管理系统中大量使用集成化的操作元件，通过高度模块化、轻便化减少了装配和维护的成本。

参考文献

[1] 王震坡,袁昌贵,李晓宇.新能源汽车动力电池安全管理技术挑战与发展趋势分析[J].汽车工程,2020,42(12):1606-1620.

[2] 董冰.基于锂离子动力电池的纯电动汽车能量管理系统控制策略与优化[D].长春:吉林大学,2014.

[3] 王从飞,曹锋,李明佳,等.碳中和背景下新能源汽车热管理系统研究现状及发展趋势[J].科学通报,2021,66(32):4112-4128.

[4] 左培文,朱培培,邵丽青.新能源汽车动力电池产业发展特点与趋势分析[J].汽车文摘,2022(01):1-7.

[5] 张辉明.新能源汽车用锂电池热管理系统研究[D].济南:山东大学,2017.

[6] 董冰,田彦涛,周长久.基于模糊逻辑的纯电动汽车能量管理优化控制[J].吉林大学学报(工学版),2015,45(02):516-525.

[7] 冯权.纯电动汽车动力总成热管理策略研究[D].杭州:浙江大学,2019.

[8] 刘玮.液冷式电池热管理系统换热特性与控制方法研究[D].长春:吉林大学,2017.

[9] 何小颤.混合动力汽车动力电池组的热管理系统研究[D].广州:华南理工大学,2012.

[10] 方财义,汪韩送,罗高乔,等.纯电动汽车热管理系统的研究[J].电子设计工程,2014,22(04):137-139.

[11] 王小平.动力电池组热管冷却系统传热特性分析[D].长春:吉林大学,2016.

[12] 李峰.插电式混合动力汽车热管理系统开发及其控制算法研究[D].长春:吉林大学,2016.

[13] 姚孟良,甘云华,梁嘉林,等.电动汽车集成热管理研究进展[J].工程科学学报,2020,42(04):412-422.

[14] 谢靖飞,谢泽川,郭一祺,等.特斯拉电源管理系统和快速充电技术的研究综述[J].东莞理工学院学报,2016,23(03):83-89.

[15] 李菁,汪怡平,陶琦,等.全功率燃料电池汽车散热系统设计、建模与分析[J].汽车工程学报,2019,9(06):462-467.

[16] 杨小龙,马自会,杨林,等.基于热泵的纯电动轿车热管理集成开发[J].中南大学学报(自然科学版),2016,47(08):2855-2863.

[17] 马自会.基于热泵技术的纯电动轿车热管理集成开发[D].长沙:湖南大学,2015.

[18] 田镇.基于热泵的纯电动汽车热管理系统的实验研究与仿真分析[D].上海:上海交通大学,2016.

[19] 李海君.新能源汽车用锂动力电池热管理系统研究[D].镇江:江苏大学,2018.

[20] 高学农,刘欣,孙滔,等.基于复合相变材料的电子芯片热管理性能研究[J].高校化学工程学报,2013,27(02):187-192.

[21] 张航.某乘用车新能源电池散热冷板结构优化与性能分析[D].贵阳:贵州大学,2021.

[22] 王宁洁,汤五洋.数值仿真在新能源汽车发动机舱热保护开发中应用[J].工业技术创新,2016,03(03):322-328.

[23] 徐磊.浅谈关于新能源汽车空调节能方案的一些设想——空调系统方案匹配[J].汽车实用技术,2017(14):55-58.

[24] 王恒,张伟波,黄芳芳,等.一种电动汽车电池热管理优化方案[J].电子产品世界,2019,26(09):66-68.

[25] 刘子诚.ModelY热管理系统研究[J].机电信息,2022(10):71-73+77.

[26] 陈旭斌.商用新能源汽车电池热管理系统运用[J].当代化工研究,2022(20):183-185.

[27] 朱培培,李新波,王焰孟,等.基于安全监管下的新能源汽车热安全发展分析[J].汽车文摘,2023(10):38-44.

[28] 邬博华.新能源汽车:热管理市场加速放量[J].股市动态分析,2018(05):34-35.

[29] 胡天妹,曹宇,黄祖朋,等.插电式混合动力汽车热管理系统研究[J].现代工业经济和信息化,2020,10(10):84-86.

[30] 刘业凤，王雨晴，唐丹萍.新能源汽车CO_2热泵空调系统仿真研究[J].农业装备与车辆工程，2021，59（12）：45-51.

[31] 蔡诚，王鹿军.基于电动汽车热管理系统的设计与控制策略的研究[J].时代汽车，2022（17）：127-129.

[32] 马浩然，李佳辉，毕鉴.新能源汽车热管理研究综述[J].汽车实用技术，2023，48（08）：1-9.

[33] 黄沅辉，解铭时，赵正国，等.浅析新能源汽车动力电池热管理技术[J].能源与节能，2023（06）：20-27+134.

[34] 赵冲.基于直冷系统的新能源汽车动力电池热管理研究[D].淄博：山东理工大学，2020.

[35] 娄刘生.新能源汽车冷却系统性能分析及优化控制的研究[D].镇江：江苏大学，2018.

[36] 谢佳平.浅谈新能源汽车用锂电池热管理系统设计[J].时代汽车，2019（19）：59-60.

[37] 黄瑞，薛松，陈俊玄，等.新能源车辆热管理实验教学平台开发和应用[J].实验技术与管理，2020，37（12）：102-107.

[38] 喻柄睿.新能源汽车结构特征及NVH性能分析[J].汽车工程师，2021（10）：1-3.

[39] 张利.新能源汽车动力电池热管理系统优化[J].汽车与新动力，2023，6（01）：40-42.

[40] 陈永红，何林键.新能源汽车动力电池热管理技术浅析[J].时代汽车，2023（19）：76-78.

[41] 郎远志，赖贞行，刘西，等.车用锂离了电池冷却技术研究进展[J].重庆理工大学学报（自然科学），2023，37（05）：60-69.

[42] 王一方.新能源汽车动力锂离子电池热管理仿真与分析[D].合肥：安徽农业大学，2019.

[43] 张希，董腾辉，朱翀，等.新能源汽车一体化整车热管理新思路[J].制冷与空调，2020，20（05）：76-83.

[44] 朱培培，臧金环.新能源汽车热管理技术发展趋势分析[J].汽车文摘，2021（05）：32-38.

[45] 董志辉.新能源汽车动力电池散热管理系统优化探讨[J].内燃机与配件，2022（06）：188-190.

[46] 金强，李军.锂离子动力电池建模方法综述[J].汽车工程师，2021（07）：11-14.

[47] 张凯.新能源汽车动力电池热管理系统研究[J].专用汽车，2022（09）：18-20.

[48] 赵建东.新能源汽车动力电池热管理系统开发[D].石家庄：石家庄铁道大学，2021.

[49] 田瑞华.相变材料热管理下锂离子动力电池热失控传播过程数值分析[D].武汉：华中科技大学，2017.

[50] 张倩楠.用于电池热管理的石蜡相变材料固液相变的数值模拟[D].徐州：中国矿业大学，2017.

[51] 周伟伟.纯电动汽车电池管理系统关键技术解析[J].科学技术创新，2017（33）：181-182.

[52] 蔚佳彤，宋书江.整车轻量化对新能源汽车的影响[J].时代汽车，2019（17）：73-75.

[53] 郭绍杰.新能源汽车动力电池散热方式及散热问题的热管理解决方案[J].节能，2022，41（05）：86-88.

[54] 邹艳红.新能源汽车锂电池热管理系统热性能优化控制策略[J].中国设备工程，2022（15）：89-91.

[55] 赵冲.基于直冷系统的新能源汽车动力电池热管理研究[D].淄博：山东理工大学，2020.

[56] 张静静.新能源汽车锂电池热管理仿真分析[D].天津：天津大学，2017.

[57] 黄国强.汽车空调行业与技术发展趋势解析[J].制冷与空调，2018，18（08）：12-15.

[58] 胡伟钦.新能源汽车动力电池热管理系统设计[J].机电技术，2022（02）：62-64.

[59] 文一平.微小通道/相变材料耦合的电池热管理系统传热特性研究[D].徐州：中国矿业大学，2019.

[60] 张宁.新能源汽车动力锂电池热管理系统散热性能的仿真分析[D].天津：天津大学，2016.

[61] 靳鹏超.新能源汽车用锂离子电池组热管理系统的研究[D].天津：天津大学，2013.

[62] 黄国强.新能源汽车高效空调的研究开发思路初探[J].制冷与空调，2016，16（05）：69-78.

[63] 肖军.新能源汽车低温电池热管理方法研究[J].汽车文摘，2020（10）：34-40.

[64] 胡志林，张天强，杨钫.特斯拉电动汽车热管理技术发展趋势[J].汽车文摘，2021（01）：53-57.

[65] 洪毓锋，李军求，孙超.新能源汽车的智能化发展与趋势[J].汽车文摘，2019（08）：14-21.

[66] 夏应琪.基于模型预测控制的纯电动汽车集成热管理系统控制研究[D].合肥：合肥工业大学，2020.

[67] 田万鹏，陈标.新能源汽车锂电池热管理系统热性能分析与优化控制研究[J].四川轻化工大学学报（自然科学版），2021，34（01）：56-62.

[68] 郭硕.质子交换膜燃料电池热管理系统研究[D].合肥：合肥工业大学，2020.

[69] 高峰.某型纯电动汽车热管理系统研究分析[D].合肥：合肥工业大学，2019.

[70] 陈玉华.电动汽车动力电池安全管理策略分析[J].河南教育学院学报（自然科学版），2020，29（03）：36-38.

[71] 杨兵，张玉荣，肖峰.一种混合动力特种车辆的电池系统设计与研究[J].内燃机与配件，2021（05）：190-191.

[72] 李国莹.新能源汽车空调系统制热技术的应用分析[J].内燃机与配件，2021（15）：208-210.

[73] 宋瀚，周松涛，许洋洋，等.基于冷热循环的纯电动汽车集成管路布置研究[J].汽车工程师，2021（10）：7-9+15.

[74] 刘翔，黄朝明，唐学帮，等.比亚迪E5热管理系统故障诊断探析及应用研究[J].桂林航天工业学院学报，2022，27（01）：43-49.

[75] 冯治萍.新能源电动汽车的动力电池热管理测试分析[J].专用汽车，2022（12）：68-70.

[76] 吴圣红，余理，赵陈磊.新能源汽车电池热管理技术探讨[J].南方农机，2024，55（04）：155-158.

[77] 李丹.大众ID.4CROZZ动力电池热管理系统结构与工作原理[J].汽车电器，2022（04）：31-34.

[78] 刘春晖.2022款奥迪Q5e-tron纯电动汽车空调与热管理系统（三）[J].汽车维修与保养，2023（11）：62-66.

[79] 张楠.多芯片电子系统的内嵌式微流散热关键技术研究[D].郑州：郑州大学，2022.

[80] 麻宝林.高温环境下考虑座舱温度舒适性的网联混合动力汽车能量-热量集成控制[D].长春：吉林大学，2022.

[81] 刘春晖，刘倩.奥迪e-tron纯电动汽车的热能管理系统[J].汽车维修与保养，2022（04）：55-59.

[82] 刘春晖.2022款奥迪Q5e-tron纯电动汽车空调与热管理系统（一）[J].汽车维修与保养，2023（06）：47-50.

[83] 刘春晖.2022款奥迪Q5e-tron纯电动汽车空调与热管理系统（二）[J].汽车维修与保养，2023（10）：58-61.